Hrsg.: Rudi Ballreich/Ulrike Weinz
Zirkus-Theater – Theater-Zirkus

Hrsg.: Rudi Ballreich/Ulrike Weinz

# Zirkus – Theater
# Theater – Zirkus

Mit Illustrationen von Dörte Zinck
und Musik von Friedbald Rauscher

## Theaterstücke für Zirkusgruppen

Die deutsche Bibliothek – CIP-Einheitsaufnahme

Zirkus-Theater–Theater-Zirkus: Theaterstücke für Zirkusgruppen / Hrsg.: Rudi Ballreich/Ulrike Weinz.
Mit Illustrationen von Dörte Zinck. – 1.Aufl. – Stuttgart: Hirzel, 2000
ISBN 3-7776-1067-4

Jede Verwertung des Werkes außerhalb der Grenzen
des Urheberrechtsgesetzes ist unzulässig und strafbar.
Dies gilt insbesondere für Übersetzung, Nachdruck,
Mikroverfilmung oder vergleichbare Verfahren sowie
für die Speicherung in Datenverarbeitungsanlagen.

© 2000 S. Hirzel Verlag, Birkenwaldstraße 44, 70191 Stuttgart
© der Notenstücke Friedbald Rauscher

Layout: Dörte Zinck
Satz: Flynn Marquardt
Druck: Karl Hofmann, Schorndorf

# Inhaltsverzeichnis

**Vorwort** — 6

**Wie sich ein Zirkus-Theaterstück entwickelt** — 7

**Clowns im Reich der Hexen** — 11

**Paulinchen hat Geburtstag** — 33

**Die verrückten Jahreszeiten** — 51

**Der Circus Calibastra – ein Kurzporträt** — 81

**Notenmaterial** — 84

# Vorwort

In diesem Buch werden Geschichten erzählt, in denen neben Clowns und Artisten auch Könige, Hexen und Wesen verschiedenster Gattungen vorkommen. Gemeinsam ist allen Handlungen, dass die Clowns durch ihre Spielfreude und Phantasie die Kräfte des Bösen und der Einseitigkeit überwinden können. Dabei wird auf eine kindliche Fähigkeit hingewiesen, die zum Eigentlichen des Menschen gehört: „Der Mensch spielt nur, wo er in voller Bedeutung des Wortes Mensch ist, und er ist nur da ganz Mensch, wo er spielt." (Schiller)

In den beschriebenen Zirkus-Theaterstücken verbinden sich die artistischen Bewegungskünste und das Clownsspielen mit Elementen des Theaters. Sie sind aus der Arbeit des CIRCUS CALIBASTRA entstanden. Bei diesem Kinder- und Jugendzirkus spielt der pädagogische Hintergrund beim Training und auch in der Gestaltung der Spielhandlungen eine große Rolle. Besonders wichtig ist die Verknüpfung von Spiel und Phantasie mit artistischem Können, weshalb das mehr sportlich geprägte Training der artistischen Disziplinen meistens in eine spielerische Handlung eingebunden wird.

„Clowns im Reich der Hexen" begann zunächst als Aktion einer achten Klasse, die damit nach Norwegen fahren wollte. In vielen Improvisationsübungen entwickelte sich nach und nach die endgültige Handlung. Verstärkt durch ältere Clowns ging eine abenteuerlustige Gruppe 1994 mit diesem Stück auf eine Norwegen-Reise. In Oslo war dann die Uraufführung. Auf der anschließenden Tour durch die Wälder Norwegens entstand beim Gespräch abends am Lagerfeuer die Handlung von „Paulinchen hat Geburtstag". Die Idee zu „Die verrückten Jahreszeiten" wurde auf einem Wolga-Schiff unter russischem Sternenhimmel „geboren", als sich ältere Clowns und Artisten des CIRCUS CALIBASTRA an einem deutsch-russischen Kulturaustausch beteiligten.

Diese drei Zirkus-Theaterstücke sind also nicht am Schreibtisch entstanden. Abschriften von Videoaufzeichnungen bildeten die Grundlage für eine vorsichtige sprachliche Bearbeitung. Der Ursprung im improvisierenden Spielen ist den Texten immer noch anzumerken.

Ohne die Phantasie und das Engagement der Clowns, Artisten und Lehrer des CIRCUS CALIBASTRA wären die beschriebenen Zirkus-Theaterstücke nicht zustande gekommen. Und ohne den besonderen Einsatz einiger Menschen könnte das vorliegende Buch nicht erscheinen. Deshalb gebührt ihnen an dieser Stelle ein besonderer Dank:

> DÖRTE ZINCK für die grafische Gestaltung,
> FRIEDBALD RAUSCHER für die Komposition der Musik und die Bereitstellung der Noten,
> ULRIKE WEINZ für die Bearbeitung des Textes und die Gesamtorganisation des Buchprojektes.

Wir freuen uns, wenn diese Zirkus-Theaterstücke anderen Gruppen als Anregung für eigene Entwicklungen dienen oder auch original gespielt werden. Im Anhang findet sich eine kurze Darstellung des CIRCUS CALIBASTRA, Literaturhinweise und für diejenigen, die uns schreiben wollen, die Homepage und die Postadresse des CIRCUS CALIBASTRA.

RUDI BALLREICH

# Wie sich ein Zirkus-Theaterstück entwickelt

*Von der Idee zur abgerundeten Handlung*

Am Anfang stand eine Grundidee: In einem Land ist eine Notsituation entstanden. Keiner kann helfen, bis eine Clowns- und Gauklergruppe kommt. Durch ihre spielerischen Fähigkeiten ist es möglich, die Not zu wenden. Dazu müssen sie allerdings die vier Elementarreiche Erde, Wasser, Luft und Feuer durchziehen und in jedem Reich eine Probe bestehen. Dabei werden sie geprüft, ob sie mit den Kräften, die dort herrschen, umgehen können. Nur wenn sie diese Prüfungen bestehen, können sie ihr Ziel erreichen und die Not beseitigen.

Daraus entwickelte sich eine märchenhafte Geschichte, die nicht sofort da war. Viele Improvisationsversuche der Clownsgruppe, Musik- und Kostümideen und ständiges Überprüfen, ob die Handlung in sich stimmig wird, trugen dazu bei, dass am Ende eine bunte und vielseitige Geschichte entstand.

*Das Üben der Clowns*

Die Clownsgruppe beschäftigte sich in vielen Proben intensiv mit den vier Elementen. Bewegungen, Stimmungen, Töne und Geräusche wurden in vielfältigsten Improvisationen daraufhin untersucht, ob sie erdig, wässrig, luftig oder feurig sind. Aus den Improvisationsübungen entstanden Szenen:

- Die verträumte und einfallsreiche Vorstellung vor dem König
- Streit und Boxkampf im Erdreich
- Bade- und Angelabenteuer im Wasserreich
- Drahtseilflieger im Luftreich
- Feuerspucken und Feuerwehr im Feuerreich

Diese Szenen gaben der ganzen Handlung erst Lebendigkeit.

*Einteilung der Zirkusdisziplinen*

Ist eine akrobatische Flugrolle eine wässrige Bewegung? Hat ein Salto mehr luftige oder mehr feurige Qualitäten? Solchen Fragen gingen die Zirkuslehrer nach und untersuchten dabei alle artistischen Übbereiche auf ihre Bewegungsqualitäten. Die vorherrschenden Bewegungsformen bestimmten, welchem Element eine Übung zugeordnet wurde. Gleichzeitig musste aber bedacht werden, dass möglichst alle Disziplinen, die im Laufe des Jahres geübt worden waren, in den Aufführungen auch gezeigt werden konnten – und dass dabei möglichst alle Schüler gerecht zum Einsatz kommen. Dabei wurde deutlich, dass ein Kinderzirkus bei der Entwicklung eines Stückes nicht rein dramaturgischen Gesetzen gehorchen kann, denn die Handlung muss notwendigerweise so verlaufen, dass viele Schüler in vielen Szenen mit dem auftreten können, was sie das ganze Jahr geübt haben. Solche Kompromisse prägen pädagogisch motivierte Zirkus-Theaterstücke.

Parallell zur Zuordnung der einzelnen Übungen zu den vier Elementarreichen ging es darum, diese Darstellungen szenisch umzusetzen, d.h. Gestalten zu erfinden, die diese Bewegungen ausführen, z.B.:

- Zwerge, die sich durch verschiedene Rollen und Akrobatik fortbewegen
- phosphoreszierende Wasserwesen, die auf dem Einrad fahren
- Schmetterlinge, die über das Drahtseil schweben
- Wachen der Feuerkönigin, die mit Feuerfackeln jonglieren und durch einen brennenden Reifen springen

### *Kostüme*

Das Gestalten und Nähen der Kostüme war Aufgabe der Eltern. 15 Mütter hörten sich die Geschichte an, erfuhren z.B., dass 12 Kinder im Erdreich als Purzelzwerge auftreten sollen oder dass vier Schüler im Feuerreich als Wächter einen Stockkampf austragen. Es begann ein eifriges Phantasieren, Zeichnen, Vorschlagen und Entwerfen. Manche Nummer wurde noch einmal geändert, weil ein guter Kostümvorschlag die Phantasie in neue Bahnen lenkte. Ein emsiges Arbeiten setzte ein, um die mehr als 200 Kostüme anzufertigen.

Erst die passenden Kostüme gaben den einzelnen Reichen ihre Farben, ihre Eigenarten und Gestalten. So haben auch die Eltern das Programm maßgeblich mitgeprägt.

### *Musik*

Der Leiter unseres Zirkusorchesters verfolgte die Entwicklung dieses Projekts von Anfang an mit und brachte auch eigene Ideen ein. Als die einzelnen Szenen feststanden, suchte er dazu passende Musik. Aus Griegs Peer-Gynt-Suiten stammt die Zwergenmusik, aus Bizets Carmen die Untermalung für das Feuerreich, die beiden Drachen tanzten beim Wiedersehen einen Boogie-Woogie, usw. Immer wieder wurden die Szenen mit Musik geprobt. Manches stimmte sofort, anderes benötigte viele Versuche bis es zusammenpasste. Durch diese Arbeit bekam das Zirkusstück einen tragenden musikalischen Unterbau.

Bei den Aufführungen zeigte es sich, welche Hilfe die differenzierte musikalische Begleitung der Szenen durch das Zirkusorchester darstellt. Die Musik half den Schülern, in die besondere Stimmung und das Tempo einer Szene und in diesem Fall auch in die Atmosphäre eines Elementarreiches hineinzukommen. Die Musik gab ihnen auch Sicherheit, denn das Orchester konnte auf Pannen, Verzögerungen usw. sofort reagieren und manchen Schnitzer ausgleichen. Mit einem Kassettenrekorder wäre das in dieser Weise nicht möglich gewesen. Die Eltern, Lehrer, Freunde und ehemaligen Schüler, die im Zirkusorchester mitspielten, trugen so ihren Teil zum Ganzen bei.

### *Licht*

Es war klar, dass dieses Stück sehr von Stimmungen geprägt sein sollte. Dem Beleuchter waren dadurch schwierige Aufgaben zugewiesen. Szene für Szene wurde mit ihm abgestimmt. Manche szenische Idee ließ sich nicht realisieren, weil es zu dunkel oder zu hell geworden wäre. Erst kurz vor der Aufführung waren die letzten technischen Probleme bewältigt und auch die Handlung war in sich abgerundet:

### *Die Suche nach den verlorenen Träumen*

*Der König ist in Not. Ein böser Drache hat ihm seine Traumkugel gestohlen. Er kann nicht mehr träumen und hat keine Einfälle mehr. Darunter leidet sein Land. Eine Clowns- und Gauklertruppe kommt an seinen Hof und zeigt ihre Kunststücke. Dabei hören die wandernden Künstler von den Schwierigkeiten des Königs. Sie merken: Was der König nicht mehr kann, fällt ihnen leicht: Sie können träumen und haben viele Einfälle. Weil ihnen der König leid tut, wollen sie ausziehen und die geraubte Traumkugel zurückgewinnen. Ihre Spielfähigkeiten sollen ihnen gegen die finstere Macht des Drachen helfen.*

*Der Weg führt sie zuerst in das Reich des Erdriesen. Zwerge, die sehr gekonnt am Boden purzeln oder sich zu Pyramiden auftürmen, und ein gewaltiger Riese, der sich ständig verwandelt, fordern von ihnen: Wenn ihr durch unser Land ziehen wollt, müsst ihr zeigen, dass ihr euch genauso geschickt bewegen könnt wie wir. Ihre Akrobatik, das Beherrschen der Kräfte der Schwere hilft ihnen, diese Prüfung zu bestehen.*

*Danach kommen sie in ein Land, das vom Wassermann beherrscht wird. Geschmeidige Fischwesen rollen und biegen sich, leuchtende Bänder schwingen durch die Dunkelheit. Ringjonglierende Gestalten entsteigen dem Maul eines phosphoreszierenden Riesenfisches. Auch dieser Herrscher fordert von ihnen eine Probe ihres Könnens. Nach einigen Mühen und Tränen gelingt ihnen schließlich die Prüfung. Als sie dem Wassermann ihre Geschichte erzählen, wird er davon so gerührt, dass er helfen will: ein glitzerndes und schillerndes Drachenkind mit liebem Kopf und treuherzigen Augen tanzt herein. Es ist das verschollene Kind jenes bösen Drachen, der die Traumkugel gestohlen hat. Der alte Drache war nämlich verbittert und gemein geworden, nachdem sein Kind verloren gegangen war und nicht wiederkam. Der Wassermann schickt den Gauklern den kleinen Drachen mit: Vielleicht können sie den Alten dadurch besänftigen!*

*Nachdem sie auch noch im Reich der Schmetterlingskönigin gezeigt haben, dass sie sich leicht und luftig bewegen können – sogar auf dem Drahtseil –, gelangen sie in das Feuerreich. Feuerspucken und temperamentvolle Salti öffnen ihnen die Türe zur Höhle des Drachen.*

*Eingehüllt in Rauchschwaden tanzt das große Untier drohend umher. Die Gaukler schicken den kleinen Wasserdrachen hinein. Der Alte erkennt sein Kind und wird zusehends freundlicher, bis schließlich beide einen Freudentanz in der Manege vollführen. Dadurch gelangen die Suchenden an ihr Ziel: die gestohlene Traumkugel wird zurückgebracht. Der König kann nun wieder träumen und das Land gedeiht.*

### *Die Aufführungen*

Aus einer Grundidee war ein $2\frac{1}{2}$ stündiges Stück entstanden. 80 Kinder erfüllten die vier Elementarreiche mit artistischer Bewegung und im Spiel der Clowns wurde eine spannende Geschichte erlebbar. Szenische Ideen, Kostüme, artistische Bewegungen, spielerisches Improvisieren, Musik und Beleuchtung verschmolzen zu einem Gesamtgebilde. Auch das Publikum wurde an einigen Stellen mit eingebunden.

Die darstellenden Schüler, die kostümbildenden Mütter, die Musiker und das Publikum schufen und erlebten so einen Gang durch vier elementare Qualitäten. Alles vereinigte sich am Ende zu einem Bild, einer

Handlung, einem Zirkus-Stück: Für die Schüler, Eltern und Lehrer war dabei ein Phantasieprozess erlebbar, der aus dem sozialen und künstlerischen Zusammenwirken der vielen Beteiligten gespeist wurde.

*Die Rolle der Regie*

Die Rolle der Regie bestand in diesem Prozess nicht nur darin, ein Theaterstück in der Manege zu inszenieren. Am Anfang und später ging es vielmehr darum, szenische Ideen vorzuschlagen, um die Phantasie der Beteiligten anzuregen und ein sicheres Gerüst zu schaffen. Bis zu den ersten Aufführungen war es dann wichtig, immer wieder die Stimmigkeit der Handlung, der einzelnen Rollen und Aktionen, der Kostüme und der Beleuchtung zu überprüfen und zu verbessern. Parallel zu diesem inneren Phantasieprozess galt es, viele organisatorische Dinge zu klären (passende Raumdekoration, Bewirtung, Werbung, etc.) und die einzelnen Gruppen einzubeziehen und zu koordinieren (Musik/Orchester, Kostümeltern, Beleuchtung, die einzelnen artistischen Gruppen ...). Dabei galt es auch, zwischenmenschliche Probleme zu bewältigen, zu motivieren und Aufgeregtheit zu beruhigen. Die äußere Organisation, die vielen soziale Prozesse, das Trainieren von artistischen und spielerischen Fähigkeiten verschmolzen mit dem inneren Phantasieprozess bei der Entwicklung der Szenen des Stückes zu einer Einheit. Das „Eigentliche" geschah in diesen vielen unterschiedlichen Entstehungsprozessen. Die Wirkung des Stückes auf die Zuschauer war vermutlich deshalb so stark, weil der sozial-künstlerische Gemeinschaftsbildungsprozess, der hinter den sichtbaren Szenen in der Manege stand, erlebbar war.

Diese Beschreibung ist dem Buch „Zirkus-Spielen. Ein Handbuch für Artistik, Akrobatik, Jonglieren, Äquilibristik, Improvisieren und Clownspielen". Hrsg.: Rudi Ballreich, Udo von Grabowiecki. Hirzel Verlag, Stuttgart 1999 (2. Auflage) entnommen. Dieses Buch ist aus der Arbeit des CIRCUS CALIBASTRA enstanden. Es bietet eine umfassende Darstellung der Zirkuskünste für pädagogische und semiprofessionelle Zwecke. Artistische Darbietungen, Zaubernummern, etc., die in den nachfolgenden Zirkus-Theaterstücken vorkommen, sind dort beschrieben.

Bei der Entwicklung der Zirkus-Theaterstücke diese Buches haben mitgewirkt:

TILMAN ANTONS
LARS BURGSTAHLER
BENJAMIN HIRSCH
STEFAN KLEINKNECHT
GERRIT MICHELFELDER

INES MICHELFELDER
INGO MICHELFELDER
CHRISTOPH MOHS
AMELIE STURM
DANIEL ZINCK und andere.

# Clowns im Reich der Hexen

Die vier Hexen Kristallina, Mikrowella, Aquatella und Aerolina brauen sich einen Zaubertrank, der ihnen alle Macht über die Menschen verleihen soll. Etwas fehlt ihnen jedoch zu ihrem Trank: Glück und Phantasie! Indem sie diese Fähigkeiten den Kindern rauben, erreichen sie die gewünschte Macht. Das Symbol ihrer Macht, einen großen Schlüssel, teilen sie in vier Teile, von denen jede Hexe einen mit sich führt. Die umherziehende Clownsgruppe hat die Hexen bei ihrem Raubzug beobachtet. Auch die Veränderung, die mit den Kindern geschehen ist, haben sie deutlich zu spüren bekommen. Die Clowns beschließen den Kindern zu helfen und ihnen den Schlüssel der Macht zurückzubringen. Sie teilen sich in vier Gruppen auf und folgen den Hexen in ihre Reiche. Jeder Clownsgruppe gelingt es auf ihre Weise der jeweiligen Hexe ihr Schlüsselteil abzunehmen. Zurückgekommen, fügen sie die Teile zusammen und übergeben den Kindern wieder die Herrschaft über Glück und Phantasie.

**Personen**

| | |
|---|---|
| **Kristallina** | **Erdhexe** |
| **Aerolina** | **Lufthexe** |
| **Mikrowella** | **Feuerhexe** |
| **Aquatella** | **Wasserhexe** |
| **8 Kinder** | |
| **Zirkustruppe mit beliebig vielen Artisten** | |
| **Hugo, Paul und Trüli** | **die Drei Akrobaten** |
| **Bertram** | **Clown** |
| **Rambert** | **Clown** |
| **Suse** | **Clown** |
| **Caroline** | **Clown** |
| **Wilhelmine** | **Clown** |
| **Augustine** | **Clown** |
| **Artisten und Gefolge der einzelnen Hexen** | |

# 1. Szene

## Im Hexenwald

*In der Manege steht ein riesiger, alter Backofen, aus dessen Öffnungen Arme und Beine der Lufthexe Aerolina herausschauen. Zu unheimlicher Musik und einem Trommelwirbel steigt sie langsam aus dem Ofen und beginnt die anderen Hexen herbeizurufen.*

| | |
|---|---|
| Aerolina: | Komm herbei, Aquatella! *Lacht hämisch. Unter Getöse kommt die Wasserhexe herbei.* |
| | Komm herbei, Mikrowella! *Die Feuerhexe kommt aus einer anderen Richtung.* |
| | Komm herbei, Kristallina! *Die Erdhexe kommt in die Manege.* |
| Alle: | Zauberei! Komm herbei! Der Schlüssel zur Macht - finstere Nacht! |
| | *Sie halten den Schlüssel hoch.* Wir werden siegen, der Mensch unterliegen! |
| | *Sie lachen und tanzen kreischend um den Ofen herum.* |

**Musik: Hexentanz, Seite 96**

| | |
|---|---|
| Alle: | Zaubertrank zum Menschenfang, kommt, wir fangen jetzt gleich an. |
| | Von Fledermaus zum Fliegenweib, kommt, jetzt alle schnell herbei. |
| | *Schütten nacheinander ihre Zutaten in den dampfenden Kessel, der auf dem Ofen steht.* |
| Kristallina: | Birkenrinde! |
| Aerolina: | Salbeitran! |
| Aquatella: | Und das Aug' des Auerhahns! |
| Alle: | Spaß und Glück und Phantasie – das bekommen wir sonst nie. |
| | *Mit Nachdruck.* Spaß und Glück und Phantasie – das bekommen wir sonst nie! |
| | *Sie beschwören den Kessel.* |
| Mikrowella: | *Verärgert.* Irgend etwas fehlt! Lasst uns unseren Zauberspruch sagen. |
| Alle: | Karunkel, Karunkel, der Himmel ist dunkel, |
| | bei Tag und bei Nacht, wir haben die Macht! |
| Kristallina: | *Fluchend.* Verdammter Krötenschleim! Nochmal! |
| Alle: | Karunkel, Karunkel, der Himmel ist dunkel, |
| | bei Tag und bei Nacht, wir haben die Macht! |
| Aerolina: | *Verärgert.* Was ist denn nun? |
| Mikrowella: | Über Spaß und Glück und Phantasie haben wir keine Macht – das können wir nicht herbeizaubern! |

| | |
|---|---|
| Aquatella: | Aber wir wissen, wie wir das alles bekommen können! Wir werden es den Kindern rauben, die haben Glück und Phantasie und Spaß. *Sie lacht verächtlich.* |
| Aerolina: | Kommt, lasst es uns den Kindern stehlen! Auf, auf, zu den Kindern! |

# 2. Szene

**Bei den Kindern**

*Acht Kinder kommen nacheinander oder in kleinen Gruppen in die Manege. Sie spielen Bockspringen, wiegen ihre Puppen, werfen sich gegenseitig Bälle zu oder spielen mit einem großen Glückswürfel. Die Stimmung ist durch Beleuchtung und Musik freundlich und hell. Drei Kinder singen und tanzen dazu:*

> Es tanzt ein Bibabutzemann in unserm Kreis herum fidibum:
> Er rüttelt sich und schüttelt sich und wirft sein Säckchen hinter sich.
> Es tanzt ein Bibabutzemann in unserm Kreis herum, fidibum.

*Ein Mädchen tritt in den Vordergrund, wiegt ihre Puppe und singt. Als die anderen es hören, kommen einige, schauen ihre Puppe an und singen mit.*

> Schaukel, schaukel, schaukel, schaukel wie der Wind,
> Schaukel sanft und leise mein liebes Puppenkind.

*Die Musik ändert sich, wird lustiger und lauter, zwei Buben werfen sich einen großen Ball über die ganze Manege hinweg zu; trippeln aufeinander zu und necken sich.*

*Die Musik wird wieder leiser und träumerisch.*

*Zwei andere Buben treten in den Vordergrund. Sie spielen mit ihrem Glückswürfel und versetzen die anderen Kinder in Staunen, da es ihnen ständig gelingt eine Sechs zu würfeln.*

1. Kind: *Staunt.* Schau mal, schon wieder eine Sechs!

2. Kind: Guck mal, noch eine!

*Alle Kinder beobachten die Glückswürfler. Bei der dritten Sechs nehmen sie sich bei den Händen und tanzen zusammen im Kreis.*

> Hurtig, Hurtig, Heissassa. Oh wie schön, wir sind alle da.
> Hurtig, Hurtig, Heissassa. Oh wie schön, wir sind alle da.

*Nach dem Tanz kommen drei Clowns hereingesprungen, der eine schwingt eine bunte Fahne in der Hand, der zweite fährt Einrad, der dritte winkt den Kindern zu.*

*Sie bauen eine kleine Pyramide.*

1. Clown: Hallo Kinder!

2. Clown: Wie schön, dass ihr so fröhlich seid!

3. Clown: Der Zirkus kommt gleich, mit Akrobaten, Einradfahrern und vielen Clowns!

Alle Kinder: Au ja!

*Die Clowns winken den Kindern zu und verlassen die Manege wieder.*

1. Bub: Komm, wir versuchen schon mal eine Pyramide zu bauen!

2. Bub: Und ich bin der kleine Clown mit den großen Schuhen! *Fröhliche Musik beginnt.*

*Nach kurzer Zeit wird die Beleuchtung dunkel, die Musik unheimlich. Beim Einsetzen der großen Trommel kommen die vier Hexen in die Manege.*

Die Hexen: Wir rauben euch alles! Die Phantasie und die Träume, das Glück und die Zufriedenheit, den Spaß und das Lachen! Hahahaha. *Hämisch lachend umkreisen sie die vor Schreck erstarrten Kinder und verlassen die Manege in vier verschiedene Richtungen.*

*Stimmungswechsel, helles Licht. Die Kinder sind traurig und schlecht gelaunt.*

1. Kind: He, pass doch auf und rempel mich nicht an!

2. Kind: Mensch, bist du doof! Ich bin nicht mehr deine Freundin.

# 3. Szene

*Musik: Hallo Kinder, Seite 84*

*Die Zirkusgruppe kommt singend in die Manege und gibt eine kleine Vorstellung mit Jongleuren, Einradfahrern und Akrobaten.*

*Sie verbeugen sich und warten auf Applaus.*

*Die Kinder quengeln und ärgern sich über die Darbietung.*

| | |
|---|---|
| 3. Kind: | Was soll denn das? |
| 4. Kind: | So etwas hab' ich ja schon tausendmal gesehen! Geht doch wieder nach Hause! |
| Paul: | Was ist denn mit den Kindern los? |
| Augustine: | Vielleicht sind sie krank? |
| Wilhelmine: | Warum lacht ihr denn nicht mal ein bisschen? |
| 2. Kind: | *Zornig.* Geht doch weg hier! |
| Trüli: | Die waren vorher noch ganz anders und haben sich richtig auf uns gefreut! |
| Hugo: | Was machen wir denn jetzt? |
| Wilhelmine: | Wir müssen noch etwas Lustigeres machen! |
| Rambert: | Aber was denn? |

*Alle überlegen, plötzlich beginnt einer wie ein Vogel zu gackern und zu piepen.*

Bertram:    Au ja! Wir machen den Vogeltanz!

*Jeder zieht eine Vogelmaske aus der Tasche und sie tanzen zusammen den Vogeltanz.*

*Musik: Kookaburra-ChaChaCha, Seite 85*

| | |
|---|---|
| 3. Kind: | Soll das lustig gewesen sein? |
| Wilhelmine: | Also ich fand's sehr lustig. |

*Die Kinder gehen nacheinander ab.*

| | |
|---|---|
| Augustine: | *Verzweifelt.* Hier stimmt doch irgendwas nicht! |
| Trüli: | Das kann man wohl sagen! |
| Caroline: | Es ist richtig unheimlich hier. |

*Die Musik wird dunkel und geheimnisvoll.*

*Die Beleuchtung immer schwächer, die Musik immer lauter.*

Bertram: *Schreit.* Ich habe Angst! Los, verstecken wir uns!

*Alle Clowns verstecken sich an verschiedenen Stellen in der Manege.*

*Die Hexen kommen.*

Alle Hexen: Wir haben es geschafft! Der Schlüssel der Macht ist in unserer Hand!
*Sie halten den Schlüssel hoch, wirbeln einmal im Kreis herum und teilen dann den Schlüssel in vier Teile, von denen jede Hexe einen Teil bekommt.*

Aerolina: *Hält ihren Teil des Schlüssels hoch und ruft:* Phantasie und Träume besitze ich!

Aquatella: *Zeigt ihren Teil des Schlüssels und ruft:* Glück und Zufriedenheit gehören mir!

Mikrowella: *Tanzt nach vorne und ruft:* Spaß und Lachen sind von nun an in meiner Macht! *Lacht hämisch und tanzt zurück.*

Kristallina: *Stampft siegessicher und ruft:* Freude und Fröhlichkeit beherrsche von nun an ich! Ich! Kristallina!

*Sie halten sich alle vier an den Händen, wirbeln einmal im Kreis herum und verschwinden in vier Richtungen.*

*Die Clowns kommen langsam aus ihrem Versteck.*

Hugo: *Flüstert.* Los, kommt, sie sind weg! *Trüli schleicht vorsichtig hinter ihm her.*

Paul: *Ruft laut.* Sind sie wirklich – ?

Trüli: *Erschrickt und schreit angstvoll.* Aaaaaaa! *Springt Hugo direkt auf den Arm.*

Hugo: *Dreht sich um, sieht dass nur Clown Paul neben ihm steht und lässt Trüli einfach auf den Boden fallen.*

Paul: *Blickt sich um.* Sind sie wirklich weg?

Trüli: Aua! *Reibt sich mit schmerzverzerrtem Gesicht den Hintern.*

Hugo: Ja! Ihr könnt alle rauskommen!

*Die anderen kommen auch aus ihren Verstecken.*

Bertram: Huch! Da haben wir aber noch einmal Glück gehabt! Gut, dass wir alle noch zusammen sind.

Augustine: Habt ihr gesehen, was die Hexen gemacht haben?

Caroline: Ja, sie haben den Kindern die Phantasie geraubt! Und das Glück und die Träume und das Lachen!

| | |
|---|---|
| Trüli: | Donnerwetter, das ist eine Unverschämtheit! Jawohl! |
| Rambert: | *Überlegt.* Wir müssen den Kindern helfen! Wisst ihr was? Wir holen den Schlüssel der Macht zurück! |
| Suse: | Genau das tun wir! Nix wie hinterher! |

Die Drei Akrobaten: Wir gehen da lang. *Zeigen in eine Richtung.*

Augustine und Wilhelmine: Wir verfolgen die Hexe mit der spitzen Nase! Auf! In diese Richtung!

Bertram und Rambert: Wir suchen die rote Hexe!

Suse und Caroline: Dann gehen wir dort entlang! Los! Denen zeigen wir's.

# 4. Szene

## Im Reich der Wasserhexe

*Beleuchtung: Wasserstimmung.*

*Die Wasserhexe befiehlt ihren Untertanen Kunststücke vorzuführen.*

*Blaugekleidete Wasserwesen kommen wie in Trance in die Manege, zeigen eine Nummer mit Gymnastikbändern und mit Einrädern und verschwinden auf Befehl der Hexe wieder.*

*Am Rand der Manege beobachten die Clowns Suse und Caroline das Treiben im Reich der Wasserhexe.*

*Nachdem die Wasserwesen verschwunden sind, wagen sie sich weiter vor und entdecken ein liegengebliebenes Einrad.*

| | |
|---|---|
| Suse: | *Schaut den Artisten nach.* Oh! War das schön! |
| Caroline: | Schau mal, was da liegt! Probier' doch mal, ob du es auch noch kannst. |
| Suse: | Nee nee, mach du, ich hab' so einen wunden Po...... |
| Caroline: | Dann halt mich aber gut fest – dann probier ich es mal. *Steigt auf und fährt los.* |
| Suse: | Prima! Prima! Du kannst es noch! |

*Trommelwirbel, Hexenmusik. Die Hexe Aquatella kommt. Das Licht wird dunkel und unheimlich.*

| | |
|---|---|
| Caroline: | *Fällt vom Einrad herunter.* Was ist denn das? Warum ist es plötzlich so dunkel hier? |
| Hexe: | Was wollt ihr denn hier? |
| Caroline und Suse: | *Stottern herum.* Äh, äh, wir hätten gerne deinen Schlü–schlü–Schlüsseeellll.– |
| Hexe: | Meinen Schlüssel? Ha ha ha, den bekommt ihr nicht! Ich, Aquatella habe die Macht über alles! Ha ha ha, auch über euch! Ihr werdet schon sehen...... |
| Caroline: | *Sehr ängstlich.* Könntest du uns deine Macht vielleicht einmal zeigen? Ich mein' ja nur, ich hab' so etwas eben noch nie gesehen. *Schon mutiger.* Es wäre wirklich sehr nett, wenn du uns erst einmal zeigen könntest, wie mächtig du bist. |
| Suse: | Genau! Das wäre wirklich nett.<br>*Flüstert zu Caroline:* Vielleicht ist sie ja gar nicht so mächtig. *Kichert.* Hi hi hi... |

*Die Hexe gibt durch Gesten Anweisungen, worauf ihre Untertanen erscheinen und eine Rola-Baliciernummer vorführen. Aquatella berührt Caroline mit ihrem Zauberstab, worauf diese verzaubert und von den Untertanen in die Nummer integriert wird.*

| | |
|---|---|
| Hexe: | So, jetzt bist du dran! Du mit dem vorlauten Mundwerk – jetzt zeig mal, was du kannst. |

*Caroline macht bei der Rola-Nummer mit und wird von den Untertanen mitgerissen, als diese von der Hexe den Befehl erhalten zu verschwinden.*

| | |
|---|---|
| Suse: | He! Caroline! Nicht mitgehen! Ich brauch dich doch noch.<br>*Rennt hinter ihr her und erwischt sie gerade noch am Ärmel. Caroline ist aber so verzaubert, dass sie nicht mehr stehen kann, sondern vor Suse auf den Boden fällt.* |

| | |
|---|---|
| Suse: | Was machst du denn? Ich wollte dir doch nicht weh tun. Komm, steh' schnell wieder auf! He! Wach auf! *Suse fängt leise an zu weinen.*<br>*Denkt laut nach:* Jetzt liegst du hier – sagst nix mehr – schläfst hier nur noch – schläfst wie – wie – Dornröschen!– wie Dornröschen? Du Dornröschen – und ich? Dann bin ich ja der Prinz!<br>Oh, sehr gut. Ich bin der Prinz! *Sie gestikuliert dramatisch.* Ich befreie dich mit meinem Schwert. Durch die dicke Dornenhecke schlage ich mich tapfer wie eine schnelle Schnecke – und vor der Hecke liegen viele Ziegen, die ich starker Prinz alle besiegt habe – und dann sehe ich dich – mein holdes Dornröschen – Und weißt du, was ich dann tun werde? Ich küsse dich auf deine wunderschöne rote Nase!<br>Au ja! *Küsst sie auf die Clownsnase.* |
| Caroline: | *Gähnt und wacht auf.* Huch, wo bin ich? |
| Suse: | Bei mir! Ich hab' dich entzaubert. |
| Caroline: | Weißt du, was ich geträumt habe? |
| Suse: | Nein, erzähl. |
| Caroline: | Dass ich ein wunderschönes Dornröschen wäre und du mein starker Prinz! |
| Suse: | Ja, ja, ich war der Prinz und ich war so stark, dass ich dich vor allen Gefahren der Welt beschützen konnte. |
| Caroline: | Kannst du das jetzt auch noch? |
| Suse: | Aber natürlich! Ein Prinz ist und bleibt ein Prinz! Ich und mein silbernes Schwert *Nimmt eine Jonglierkeule.* kämpfen gegen jeden und alles!<br>*Will zum Schlag ausholen, da steht die Hexe Aquatella vor ihr. Suse lässt sofort das Schwert sinken, nimmt Caroline bei der Hand und sie verstecken sich beide.* |
| Hexe: | Seid ihr immer noch hier? |
| Suse: | *Ruft aus ihrem Versteck.* Ja, wir sind immer noch hier… |
| Hexe: | Und was wollt ihr jetzt tun? |
| Caroline: | *Sehr mutig:* Wir werden dich verzaubern. *Sie treten hervor.* |
| Hexe: | *Lacht.* Mich verzaubern? Dass ich nicht lache! Mich kann niemand verzaubern! Aber versucht euer Glück nur. Los! Verzaubert mich! |
| Suse und Caroline: | *Flüstern dem Publikum zu:* Wir verzaubern sie mit einem Lied – und ihr müsst uns bitte, bitte dabei helfen. Ja? |

> La Li Lu
> Nur der Mann im Mond schaut zu
> Wie die kleinen Kinder schlafen
> Drum schlaf auch du!
> La Li Lu
> Nur der Mann im Mond schaut zu
> Wie die kleinen Kinder schlafen
> Drum schlaf auch du!

*Das Publikum singt mit.*
*Nach der ersten Strophe fallen der Hexe Aquatella langsam die Augen zu, bei der zweiten Strophe sinkt sie zu Boden und am Ende des Liedes kann man sie schnarchen hören.*

Suse: Psst, psst.

Suse und Caroline: *Schleichen zu der Hexe und nehmen ihr vorsichtig den Schlüssel ab, dann wenden sie sich an das Publikum und flüstern:*
Vielen Dank für eure Hilfe! – Ohne euch hätten wir das nie geschafft!

# 5. Szene

## Im Reich der Erdhexe Kristallina

Hexe Kristallina: *Kommandiert:* Und los! Meine Untertanen. Baut mir ein paar Pyramiden!

*Im Gleichschritt marschieren ihre Untertanen und gehorchen ihrem Befehl.*

Hexe: Sehr gut so! – Weiter so!

*Plötzlich werden sie durch die Ankunft der Drei Akrobaten unterbrochen.*

Hexe: Wer seid ihr denn?

Drei Akrobaten: Wir sind: *Stellen sich in Position.* Die Drei AAAA KROOO BAAA TEN!

Hexe: Und wisst ihr auch, wer ich bin?

Hugo: *Verschmitzt.* Eine gute Fee vielleicht?

Hexe: Nein, ich bin die große Waldhexe Kristallina!

Paul: *Staunt.* Oh! Eine echte Waldhexe? So etwas hab' ich ja noch nie gesehen.

Hexe: Was wollt ihr in meinem Wald?

| | |
|---|---|
| Hugo: | Äh, wir wollen uns nur ein bisschen umschauen. |
| Hexe: | Bei mir umschauen? Das dürft ihr nicht! Vorher verzaubere ich euch in… |

*Sie melden sich einzeln nacheinander.*

| | |
|---|---|
| Hugo: | Au ja, mich bitte in ein siebenköpfiges Kamel! |
| Paul: | Und mich bitte in einen klitzekleinen Marienkäfer! |
| Trüli: | Und ich will eine Schildkröte mit einem riesigen Panzer sein! Au ja! |
| Hexe: | Nein! Ich verzaubere euch in ein großes, fettes, schleimiges, grunzendes… |
| Hugo: | Ok, ok, ok, – dann eben nur ein dreiköpfiges Kamel, einmal Marienkäfer ohne Punkte und eine Schildkröte ohne Panzer, einverstanden? |
| Hexe: | Nein! Meine Lieben! *Beginnt zu zaubern.* Abrakadabra simsala… *Wird von Paul unterbrochen, der laut vor ihr herumtanzt und seinen eigenen Zauberspruch sagt.* |
| Paul: | Hokus, Pokus simsalabim!<br>*Wendet sich an Clown Hugo und will ihn verzaubern.* Werd' zur Bienenkönigin! |
| Hugo: | *Spielt eine Bienenkönigin.* Summ summ summ. *Fliegt von einer imaginären Blüte zur anderen.* Summ, summ, summ… |
| Hexe: | So, jetzt ist genug mit dem Unfug! Ihr werdet jetzt in ein stinkendes, fettes…… *Wird wieder unterbrochen.* |
| Hugo: | Gut, gut, gut – du darfst uns verzaubern, wenn wir es nicht schaffen, dich zum Lachen zu bringen. |
| Hexe: | Mich zum Lachen bringen? Ich habe in meinem ganzen Leben noch nie gelacht! Aber versucht euer Glück! |
| Trüli: | Na, das wollen wir doch einmal sehen.<br>*Die Drei Akrobaten führen ihre Akrobatikkunststücke vor.* |
| Paul: | Hat sie gelacht? Nein? Dann müssen wir eben noch weiter machen!<br>*Sie zeigen weitere Kunststücke.* |
| Trüli: | Sie lacht und lacht und lacht einfach nicht! Aber ich weiß noch was! *Sie veranstalten ein Purzelbaumrennen, das bei den Untertanen der Hexe schon ein Lächeln hervorruft.* |
| Hexe: | Das war ja noch gar nichts! Ich will euch zeigen, was meine Männer können! Los! Steigt hinauf und zeigt mir die größte und schönste Pyramide, die ihr bauen könnt! *Sie bauen die Pyramide auf.*<br>Gut so! Höher, schneller, weiter! Schaut her, so geht das! |

*Bei der letzten Pyramide fangen die Drei Akrobaten den obersten Mann der Pyramidenbauer auf, der sonst hinuntergestürzt wäre.*

| | |
|---|---|
| Paul: | Das war aber ganz schön gefährlich! |
| Hugo: | Wie gut, dass wir dich gerettet haben! |
| Hexe: | So, jetzt ist Schluss! Jetzt verzaubere ich euch endgültig. |
| Trüli: | Oh, bitte! Wir haben nur einen einzigen Wunsch! Schließlich haben wir auch deinen obersten Mann gerettet! |
| Hexe: | Was für einen Wunsch? |
| Hugo: | Ein Lied. |
| Hexe: | Einverstanden, ein Lied dürft ihr singen! |
| Hugo: | Sehr verehrtes Publikum: Unser letztes Lied!<br>*Zu seinen Kollegen:* Seid ihr bereit? Gut. Eins, zwei, |
| Paul: | Drei, vier, |
| Hugo: | Moment, Moment, wer zählt jetzt ein, du oder ich? |
| Paul: | Ich! |
| Hugo: | Ok. |
| Paul: | Eins, zwei, drei, vier! |
| Hugo: | Halt! Stop! Wir haben den Anfangston vergessen! |
| Trüli: | Es fängt mit 'W' an, aber eigentlich sollte ich doch… |
| Hugo: | Ruhe jetzt! Nun fangen wir endlich an! Eins, zwei, drei, vier! *Singt:* Wir sind voll Taten, denn wir sind die drei Akrobaten. *Wird von Paul unterbrochen.* |
| Paul: | Warum singt denn der Trüli nicht mit? |
| Trüli: | *Beleidigt.* Ich kann doch auch zählen! |
| Paul: | Und was hat das damit zu tun? |
| Trüli: | Wir hatten doch ausgemacht, dass ich einzählen darf – das haben wir doch die ganze Zeit so geübt! |
| Hugo: | Ach Einzählen! Und deswegen macht der in so einer Situation so ein Theater!<br>Also los! Jetzt du! |
| Trüli: | *Zählt ein.* Eins, zwei, drei, vier! |

*Singen alle zusammen das Akrobatenlied.*
**Musik: Die Drei Akrobaten, Seite 88**

Wir sind voll Taten, denn wir sind die Drei Akrobaten.
Wir dreh'n die ganze Welt herum.
Ja, wir bringen Frohsinn und Glück,
Und die Musik treibt um und macht Karum di bum.
Wir sind voll Taten, denn wir sind die Drei Akrobaten.
Wir dreh'n die ganze Welt herum.
Seid bereit, denn gleich kommt der Schwung.
Begeisterung ergreift das ganze Publikum.
…
Jetzt geht's los Karacho di Krach. Karum di bum.
Rigeros, karacho di Krach Karum di bum. Karum di bum.
Einer und zwei, das sind drei.
Die Drei Akrobaten sind immer dabei.
*Gehen klatschend hinaus.*

*Beim Refrain nehmen die Drei Akrobaten die Hexe mit, die dabei lachen muss.*

Hugo: He! Ich hab's genau gesehen! Du hast gelacht! Dann brauchst du ja jetzt auch deinen Schlüssel nicht mehr! *Er nimmt der lachenden Hexe den Schlüssel aus der Hand.*

Paul: Jetzt geht's erst richtig los!

*Sie singen alle zusammen den Refrain und tanzen mit den Untertanen der Hexe durch die Manege.*

# 6. Szene

## Im Reich der Lufthexe Aerolina

*Wilhelmine und Augustine machen sich vergnügt auf den Weg zur Hexe Aerolina. Unterwegs singen sie ihr Lied.*

**Musik: Wir geh'n spazieren, Seite 94**

> Wir geh'n spazieren und freuen uns am Sonnenschein.
> Vögel trillieren, wir schwingen heut' ein leichtes Bein.
> Heit're Welt, helles Licht!
> Nein, nach Hause wollen wir nicht, nein!
> Wir geh'n spazieren und freuen uns am Sonnenschein.
> Nichts zu verlieren, die Sonne lässt uns nicht allein.
> Ich sing' froh: La, la, la. Wir machen heute Musik.
> Na, na na na na ...

*Dann erreichen sie das Reich der Lufthexe. Aerolina sitzt auf dem Trapez und schaukelt hin und her. Plötzlich entdeckt sie die beiden Clowns, die in ihr Reich eingedrungen sind.*

Hexe: Was macht ihr denn hier?

Wilhelmine: Schnell, lass uns verschwinden!

*Wilhelmine gelingt es sich zu verstecken, während Augustine nicht mehr rechtzeitig davonlaufen konnte und nun der Hexe Rede und Antwort stehen muss.*

Hexe: *Nähert sich.* Wen haben wir denn hier?

Augustine: *Ängstlich.* Oh, ich weiß nicht.

Hexe: Aber ich weiß es! Du bist ein kleiner Clown, der lacht und Späße macht! Aber du wirst auch noch tanzen, wie ich es will! Hahahah. *Lacht hämisch.*

Augustine: Ich will aber nicht tanzen, darum geh' ich jetzt nach Hause.
*Dreht sich um und will losrennen.*

Hexe: Oh nein, das wirst du nicht!
*Sie schlägt auf ihr Zaubertambourin und verzaubert so Augustines Beine.*

Augustine: He! Was machst du mit meinen Beinen, die gehorchen mir ja gar nicht mehr!

| | |
|---|---|
| Hexe: | Ha ha ha, genau das will ich ja! *Mit jedem weiteren Schlag lässt sie Augustine näher auf sich zukommen und verzaubert sie dann mit einem Stups auf den Kopf in eine Puppe. Augustine steht erstarrt in der Manege.*<br>Gute Arbeit geleistet! – Gelernt ist halt gelernt! *Die Hexe verschwindet.* |
| Wilhelmine: | *Schaut aus ihrem Versteck und ruft ins Publikum:* Hallo Kinder! Ist die Hexe noch da? |
| Publikum: | Nein, du kannst kommen! |
| Wilhelmine: | Das ist eine ganz schön heikle Angelegenheit hier… habt ihr zufällig Augustine gesehen? Ach ja, da drüben steht sie ja. Augustine, wie gut, dass du da bist!<br>*Nimmt sie in die Arme.* Sag mal, wie stehst du denn da? Das sieht aber ganz schön komisch aus! |

Komm, jetzt hör auf mit dem Blödsinn! Wir müssen jetzt zusammen den Schlüssel suchen. Los! Komm schon!
*Sie gibt ihr einen Klaps auf die Hand, da bewegt sich die eine Hand mechanisch nach unten, die andere nach oben.*
Oh, was ist denn das? Das ist ja lustig.
*Sie gibt ihr einen Klaps auf den Rücken, da beugt sich Augustine wie von Zauberhand bewegt nach unten.*
Sag mal, suchst du etwas? Was gibt es denn da unten zu sehen?
So, jetzt ist aber wirklich genug mit dem Spaß hier! Wir müssen unbedingt den Schlüssel finden, das weißt du doch! Komm jetzt! *Sie versucht, sie wegzuzerren.* He! Veräppeln kann ich mich auch selber! Hör endlich auf! Aber wenn du nicht willst, dann kann ich auch alleine gehen, dann bleibst du eben hier stehen! *Zum Publikum:* Was soll ich denn nur tun? Ich kann sie doch hier nicht stehen lassen…
Einen Eimer Wasser holen? Eine Ohrfeige? Oh nein, das ist ja schrecklich! Wirklich

hauen? Na gut! Ich werde zu dem bewährtesten Mittel greifen!
*Krempelt ihre Ärmel hoch und holt zum Schlag aus.*
*Zögerlich.* Das kann ich nicht! – Aber meine liebe Augustine, es muss sein! Schließlich wollen wir den Kindern helfen! *Sie holt zum Schlag aus und gibt Augustine eine Ohrfeige; diese dreht sich durch den Schwung einmal um sich selbst und gibt Wilhelmine ebenso eine Ohrfeige.*
Oh! Ist das gemein! DU gibst MIR eine Ohrfeige, wo ich uns doch nur helfen wollte! So etwas Gemeines!
*Setzt sich an den Rand der Manege und zieht ihre Mütze tief ins Gesicht. Sie beginnt zu weinen. Als sie sich beruhigt hat, legt sie ihre Arme um den Kopf und schläft ein.*

*Die Beleuchtung wird dunkel und geheimnisvoll. Zaubermusik beginnt. Wilhelmines Traum wird sichtbar: Augustine wird durch die Musik aus ihrer Erstarrung erlöst, bewegt sich langsam auf Wilhelmine zu und pustet ihr vorsichtig Seifenblasen ins Gesicht. Als diese von den Seifenblasen berührt wird, steht sie auf und folgt Augustine zu ihrem Koffer, dem sie Jonglierbälle entnimmt. Sie jonglieren zusammen mit den Bällen. In diesem Moment ändern sich Licht und Musik; die Stimmung wird fröhlich und gelöst. Erst gegen Ende der Nummer, wenn Augustine Wilhelmine mit den Seifenblasen zum „Schlafplatz" zurückbringt, verändern sich Licht und Musik und werden wie zu Beginn. Augustine steht wieder erstarrt an ihrem Platz, Wilhelmine wacht auf und wundert sich.*

Wilhelmine: Was war denn das? Warum stehst du denn da drüben? Du bist doch gerade noch mit mir hier herumgelaufen! – Bist du vielleicht wirklich verhext? Was soll ich denn nur tun?
Liebe Kinder, helft mir doch. Wie hat die Hexe denn Augustine verhext? Mit einem Zauberspruch? Nein? Ach, mit dem Zaubertambourin? Was? Das hat die Hexe vergessen?
*Findet das Tamburin auf dem Boden.* So liebe Augustine, jetzt wollen wir doch einmal sehen, ob das wirklich funktioniert.
*Schlägt auf das Tamburin, worauf Augustine einen Schritt nach vorne macht.*
Oh wie schön, so könnten wir ja zumindest schon mal vorwärts kommen.... *Dann tippt sie Augustine mit dem Tamburin auf die Hand, worauf diese die Hand frei bewegt. Ebenso werden die Beine und der Kopf entzaubert.*

Augustine: *Schüttelt sich.* Was war denn los?
Wilhelmine: Die Hexe hat dich verzaubert! – Aber jetzt ist alles wieder gut! Jetzt suchen wir schnell den Schlüssel! *Zum Publikum:* Kinder, wisst ihr, wo die Hexe den Schlüssel hingehängt hat? *Die Kinder zeigen auf das Trapez.* Ah, schau mal da oben am Trapez!

| | Ich mache dir eine Hühnerleiter und du kletterst schnell hoch und holst ihn. |
|---|---|
| Augustine: | Au ja. *Klettert hoch und bindet den Schlüssel ab. Plötzlich steht die Hexe vor ihnen.* |
| Hexe: | Gebt mir sofort meinen Schlüssel wieder! |
| Augustine: | *Mutig.* Nee, nee, tun wir nicht! Wilhelmine fang! Ich werf dir den Schlüssel zu! *Sie werfen sich den Schlüssel über den Kopf der Hexe hinweg zu.* |
| Hexe: | Gebt mir wenigstens mein Tamburin zurück! |
| Wilhelmine: | Oh nein, Oh nein. Wir haben dein Zaubertambourin und wir werden dich jetzt verzaubern. Hallo Hexe! Simsalabim! *Sie schlägt das Tamburin und die Hexe erstarrt.* Augustine, soll ich sie noch an ein hübscheres Plätzchen zaubern? |
| Augustine: | Nein, lass gut sein. Lass uns lieber schnell zurück zu den anderen gehen, die warten sicher schon auf uns. |
| Wilhelmine: | *An das Publikum gewandt.* Vielen Dank für eure Hilfe, Kinder! Auf Wiedersehen! |

*Die beiden singen noch einmal die erste Strophe ihres Liedes und gehen ab.*

# 7. Szene

## Im Reich der Feuerhexe Mikrowella

*Dunkle, rötliche Beleuchtung, Feuermusik. Ein Artist mit Feuerdiabolo tritt auf; danach treten zwei Stockkämpfer mit großem Geschrei in die Manege.*
*Die Feuerhexe Mikrowella tritt auf und befiehlt ihren Stockkämpfern mit dem Kämpfen aufzuhören.*

| Hexe: | Schluss jetzt! Raus! *Ihre Wächter kommen zu ihr.* |
|---|---|
| 1. Wächter: | Herrin, Eindringlinge sind im Reich! Sie wollen deinen Schlüssel stehlen! |
| Hexe: | *Lacht.* Niemand wird mir meinen Schlüssel stehlen! Verschwindet und geht auf eure Posten zurück! |

*Die beiden Clowns Bertram und Rambert betreten die Szene.*

| Bertram: | So, jetzetle simmer do. |
|---|---|
| Rambert: | Red' mal normal, sonst versteh' ich dich nicht! Donnerwetter, hier sieht es ganz schön komisch aus. – Wo sind wir denn hier genau? |
| Bertram: | Lass uns mal die Wachen da vorne fragen. Äh, Entschuldigung – Guten Abend! |
| Rambert: | Guten Morgen! Äh wir suchen so etwas Rotes, so eine rote Hexe. |

Bertram: Ja genau, eine rote Hexe.

1. und 2. Wächter: *Sie deuten beide in verschiedene Richtungen.* Dort entlang.

Bertram: Na, das kann ja wohl nicht sein. Bitte nochmal, wo geht's zur roten Hexe?
*Die Wächter geben ihnen wieder die gleiche Antwort.*
Komm, Rambert, wir gehen einfach durch die Mitte.

Rambert: Genau, also so geht's ja nicht.
*Sie nehmen Anlauf und stürzen direkt auf die Wachen zu, diese wehren sie ab.*
Aua. Bertram, komm mal her. Ich hab' eine Idee. *Sie packen ihre Diabolos aus.*

*Bertram verheddert sich in seiner Diaboloschnur und braucht Ramberts Hilfe um wieder herauszufinden.*

Bertram: So jetzt geht's. Los!

*Nun beginnen sie den Wachen mit Diabolos vor der Nase herumzutanzen und ihre Kunststücke zu zeigen. Die Wachen lassen sich das allerdings nicht lange gefallen, nehmen den Clowns kurzerhand die Diabolos ab und führen selbst eine kleine Nummer vor.*

*Unterdessen entwischen Bertram und Rambert in das Reich der Feuerhexe, ohne dass die Wachen es bemerken. Als erstes sehen sie einen Feuerspucker auftreten. Dann eine Gruppe, die mit Feuerfackeln jongliert.*

Bertram: Puuh, ist das heiß hier! Jetzt kann die Feuerhexe nicht mehr weit weg sein.

Hexe: *Betritt die Szene.* Was wollt ihr denn hier?

Rambert: Na, deinen Schlüssel natürlich! *Flüstert zu Bertram:* Komm lass uns ein wenig Lärm machen, dann kommt sie ein bisschen durcheinander. *Sie klopfen mit den Händen auf den Boden und rufen:* Böse Hexe, böse Hexe, böse Hexe!
*Das Publikum ruft mit.*

Hexe: Hört sofort mit diesem schrecklichen Lärm auf! Aufhören! Oh, wisst ihr, was ich tun werde? Ich werde meinen Drachen holen, der wird euch den Lärm schon austreiben!

*Der Drache erscheint und tanzt durch die Manege. Als er auf die beiden Clowns zutanzt, werfen sich die beiden Jonglierbälle zu. Der Drache schaut den Bällen hinterher. Den beiden Clowns gelingt es, den Drachen in ihre Jonglage hineinzuziehen. Er bewegt sich im Rhythmus der Bälle. Zum Schluss kitzeln sie ihn mit ihren Jonglierbällen unter der Nase. Die Musik wird am Ende fröhlicher. Die Clowns tanzen mit dem Drachen zusammen aus der Manege. Die Hexe kommt wutentbrannt herein und schreit:*

Hexe: Was habt ihr mit meinem Drachen gemacht? Aus seinem Rachen kommt kein Feuer mehr, sondern nur noch ein Gegacker und Gekicher!

Bertram: Tja, wir haben ihn verzaubert.

| | |
|---|---|
| Rambert: | Und dasselbe werden wir jetzt auch mit dir machen. |
| | *Sie beginnen vor der Hexe zu jonglieren, werfen ihr die Bälle um die Nase und machen sie so wütend, dass sie ausrastet und die Bälle und Keulen, die sich in dem Koffer befinden, hinter sich wirft. Unter anderem auch den Schlüssel…* |
| Hexe: | Oh, mein Schlüssel! Gebt ihn sofort wieder her! |
| Bertram: | Nee, nee, nee, der gehört jetzt uns! |
| | *Daraufhin stößt die Hexe einen Wutschrei aus und bricht ohnmächtig zusammen.* |
| | Die ist hinüber. Lass uns schnell zu den anderen gehen! |

# 8. Szene

## Im Reich der Kinder

*Nacheinander treffen die Clowns wieder ein.*

| | |
|---|---|
| Augustine: | Hallo, ist da jemand? |
| Wilhelmine: | Wir sind wieder da! |
| Bertram: | Wir auch! |
| Rambert: | Schau mal, da kommen die anderen. Au prima! |
| Caroline: | Habt ihr auch so ein Schlüsselteil? |
| Hugo: | Oh, ja. |
| Paul: | Aber wir sind noch gar nicht vollzählig. Hoffentlich ist den anderen nichts passiert! Bei uns war es nämlich ganz schön gefährlich… |

*Aus der Ferne hört man Stimmen rufen.*

| | |
|---|---|
| Suse: | Hallo, seid ihr schon da? Schnell, schnell, die anderen sind schon alle am Treffpunkt… |
| | *Alle fallen sich in die Arme.* |
| Trüli: | Wie schön, dass wir alle wieder zusammen sind! |
| Hugo: | Wisst ihr was? WIR haben jetzt den Schlüssel der Macht! Lasst ihn uns zusammensetzen. |

*Zaubermusik ertönt, während sie die einzelnen Schlüsselteile zu einem Ganzen zusammenfügen.*

Alle: Hurra, Hurra! Kommt, wir gehen zu den Kindern!

# 9. Szene

### Zusammentreffen mit den Kindern

Clowns: Hallo Kinder!
Kind: Wo seid ihr denn so lange gewesen? *Die Kinder springen fröhlich und unbeschwert herein. Der böse Hexenzauber ist von ihnen gewichen.*
Hugo: Oh, das ist eine lange, gefährliche Geschichte.
Kind: Kann der Zirkus denn jetzt beginnen?
Paul: Jetzt geht's erst richtig los!

***Musik: Kookaburra-ChaChaCha, Seite 85***

**Großes Finale mit allen.**

# Paulinchen hat Geburtstag

Paulinchen hat alle ihre Freunde eingeladen um mit ihnen ihren Geburtstag zu feiern.

Über die Geschenke und die Kunststücke, die ihr die Freunde mitbringen, kann sie sich allerdings nicht richtig freuen, weil ihr Freund, der kleine Drache Nepomuk, traurig ist. Er hat sein Feuer verloren und trottet nur griesgrämig durch die Manege anstatt sein Geburtstagstänzchen zu tanzen.

Als alle Geschenke übergeben und alle Kunststücke gezeigt sind, haben die Clowns die zündende Idee die Feuerwehr zu rufen; denn schließlich kennt sie sich mit Feuer aus und kann dem Drachen sicherlich helfen.

Erst als Nepomuk wieder Rauch aus seinen Nüstern blasen kann, ist auch Paulinchen glücklich und das Geburtstagsfest kann beginnen.

**Personen**

| | |
|---|---|
| **Paulinchen** | das Geburtstagskind |
| **Nepomuk** | der kleine Drache |
| **Valentina** | Paulinchens beste Freundin |
| **Trüli, Hugo und Paul** | die Drei Akrobaten |
| **Lars** | der Jongleur |
| **Otto & Egon** | die Clowns mit der Zauberblume |
| **Helga & Hermi** | die Feuerwehrclowns |
| **Karlchen** | der Apfelschütze |
| **Irmel** | die Schlafmütze |

# 1. Szene

*Einzug: Alle Clowns und Paulinchen tanzen einmal in der Manege herum, bleiben dann in einer Reihe in der Mitte stehen und singen:*

Hallo Kinder, hallo Kinder!
Frischer Wind weht, trallala.
Wer da traurig war, der lache.
Alle rufen fröhlich JA!
Hallo Kinder, hallo Kinder!
Kommt geschwinde, trallala.
Wer geschlafen hat, erwache,
Denn der Zirkus ist jetzt da!

**Musik: Hallo Kinder, Seite 84**

Valentina: *Kommt in die Manege, verbeugt sich und erzählt den Kindern, was geschehen ist:*
Hallo, liebe Kinder!
Paulinchen feiert heute Geburtstag und hat alle ihre Freunde eingeladen und natürlich auch euch!
Aber es gibt ein ganz, ganz, großes Problem:
Paulinchens kleiner Freund, der Drache Nepomuk, ist krank und kann nicht mitfeiern, weil er sein Feuer verloren hat.
Oh! *Seufzt.* Mehr will ich jetzt aber nicht verraten, seht selber, wie die Geschichte weiter geht … *Verbeugt sich und verschwindet wieder hinter dem Vorhang.*

Paulinchen: *Kommt in die Manege.* Hallo Kinder!
Wisst ihr, wen ich zu meinem Geburtstag eingeladen habe? Den kleinen Drachen Nepomuk, meinen Freund!
Habt ihr Angst vor Drachen? Nein!
Vor dem Nepomuk braucht ihr auch gar keine Angst zu haben, das ist ein ganz lieber kleiner Drache, der niemanden etwas zu Leide tun kann.
*Fragt die Kinder.* Wollt ihr ihn sehen?
Dann müssen wir ihn zusammen rufen. Wir zählen zusammen 1, 2, 3 und dann rufen wir alle – NEPOMUK!

Alle zusammen: Eins, zwei, drei: NEE POO MUUKK!

Paulinchen: Ich glaube, das war noch viel zu leise. Noch einmal! Viel lauter. *Paulinchen zählt nochmals mit dem Publikum auf drei, aber der Drache kommt immer noch nicht.*
Vielleicht hat er Angst, wenn wir so laut rufen. Wisst ihr was? Wir versuchen's mal mit Flüstern. Ganz, ganz leise. *Alle flüstern.* NE POO MUUK! *Dann öffnet sich langsam der Vorhang und Nepomuk steckt erst seine Schnauze durch den Stoff. Dann schaut er sich um, und trottet mit schweren Schritten auf Paulinchen zu.*
Gefällt er euch? Ist der nicht schöööön? *Sie läuft ihm entgegen.* Nepomuk, tanzt du uns ein Tänzchen? *Nepomuk schreitet zu schwermütiger Musik um Paulinchen herum.* Aber doch nicht so traurig! Was ist denn nur mit dir los? Ich erkenne dich ja nicht wieder! *Nachdem er sie einmal umkreist hat, rollt er sich zusammen und legt sich mitten in die Manege, den Kopf traurig auf seine Schwanzspitze gestützt.*
Nepomuk, bist du krank? *Drache schüttelt den Kopf.*
Bist du vielleicht müde? *Drache schüttelt wieder den Kopf.*
Musst du aufs Klo? *Drache überlegt kurz, schüttelt dann wieder den Kopf.*
Kleiner Nepomuk, bist du traurig? *Drache nickt.*
*Paulinchen schaut ihn ratlos an:* Ja, warum denn? Kannst du es mir vielleicht in's Ohr flüstern? *Sie kniet sich zu ihm hinunter und hält ihr Ohr an seine Schnauze.*
Oh je! – Stellt euch vor, mein Nepomuk hat sein Feuer verloren, jetzt kann er den Rauch gar nicht mehr fröhlich aus der Nase blasen. *Sie nimmt ihn fest in die Arme.*
Du Armer! *Streicht ihm tröstend über die Nase.*

# 2. Szene

*Alle Clowns kommen zum Geburtstagsfest.*
*Sie gratulieren Paulinchen, bringen einen Korb voller Geschenke und singen ihr ein Geburtstagslied:*
*Zum Geburtstag viel Glück usw. ...*

| | |
|---|---|
| Valentina: | Alles Gute zum Geburtstag! *Fällt Paulinchen um den Hals.* |
| Hugo: | Herzlichen Glückwunsch! *Gratuliert ihr.* |
| Irmel: | Wir haben dir etwas mitgebracht! |
| Karlchen: | Ganz viele Geschenke! |
| Hugo: | Und eine Torte! *Hält die Torte hoch.* |
| Paulinchen: | Schaut doch mal meinen Nepomuk an, ich kann nicht feiern, wenn es ihm so schlecht geht. |
| Hugo: | Was ist denn? |
| Irmel: | *Nähert sich vorsichtig dem Drachen.* Der ist ja ganz traurig. |
| Hugo: | Ich dachte, wir feiern jetzt Geburtstag und sind fröhlich! |
| | *Der Drache steht langsam auf, lässt den Kopf nach unten hängen und trottet aus der Manege.* |
| | *Die Clowns schauen ihm betroffen nach.* |
| Karlchen: | Der Arme! |
| Valentina: | Oh Jemineh! *Sie schauen sich ratlos an.* |
| Karlchen: | Also, jetzt sind wir extra hier her gekommen und das Paulinchen freut sich gar nicht über unsere Geschenke. |
| Irmel: | Ja, was machen wir denn jetzt? |
| Hugo: | Wir müssen etwas unternehmen und dem armen Paulinchen helfen. |
| Karlchen: | Alle mal herkommen! Beratung! |
| | *Die Clowns stecken die Köpfe zusammen und suchen aufgeregt nach einer Lösung.* |
| Valentina: | Ich hab eine Idee! |
| Hugo: | Nicht so laut! Psst! |
| Karlchen: | Ein Fest! |
| Alle: | Psst, psst! *Wenden sich an Paulinchen.* |

| | |
|---|---|
| Irmel: | Paulinchen, wir haben uns eine Überraschung für dich überlegt – setz dich schon mal hin, wir kommen gleich wieder! *Sie verlassen aufgeregt tuschelnd die Manege. Valentina bleibt bei Paulinchen zurück.* |
| Valentina: | *Ermunternd.* Paulinchen, steh' auf, *Nimmt sie tröstend bei der Hand.* und setz dich da wieder hin.<br>*Führt sie zum Geburtstagstisch.*<br>So, und jetzt kommt die Überraschung!<br>*Aufgeregt.* Als erstes kommen deine Freunde Egon und Otto um dir eine kleine Darbietung zu zeigen. Oh, das wird gut …<br>*Reibt sich die Hände und hüpft freudig von einem Bein auf das andere.* |

# 3. Szene

| | |
|---|---|
| Otto: | Hallo Paulinchen! Alles Gute zum Geburtstag! Schau mal, ich hab eine Blume mitgebracht. |
| Egon: | BOAH, ist die aber schöön! Und wie die erst duftet! Mmmh! Du, Otto?! |
| Otto: | Ja? |
| Egon: | Darf ich einmal an deiner Blume riechen? |
| Otto: | Ja natürlich! *Hält ihm die Blume hin.* |
| Egon: | *Reckt die Nase vor und atmet genüsslich den Duft der Blume ein. Plötzlich muss er niesen.* Ha – ha – hatshiiiee! *Dabei knickt die Blume um.* |
| Otto: | *Schreit aufgebracht:* Meine Blume! – Was hast du nur mit meiner Blume gemacht? Meine Blume! *Beginnt zu heulen.* Ich wollte sie doch verschenken! *Heult stärker.* |
| Egon: | Oh je! Wie ist das nur passiert? *Wird nervös.* Was können wir denn da machen? *Überlegt und fährt sich aufgeregt durch die Haare.* Ich hab's! *Springt vor Freude in die Luft.* Otto! – Otto! – Du kannst doch zaubern! |
| Otto: | *Überlegt kurz.* Genau, stimmt ja! |
| Egon: | Komm, probier' doch mal, du kannst sie sicher wieder gerade zaubern.<br>*Wendet sich an das Publikum.* Helft ihr uns mit einem Zauberspruch? Hokus pokus fidibus? Au ja, alle zusammen. |

| | |
|---|---|
| Otto: | Moment, zuerst auf drei zählen. |
| Beide: | Eins, zwei, drei: |

**Hokus, Pokus, Fidibus
Dreimal schwarzer Kater**

*Daraufhin richtet sich die Blume langsam wieder auf.*

| | |
|---|---|
| Otto: | Meine Blume! |
| Egon: | Da hab' ich ja gerade noch einmal Glück gehabt. … |
| Otto: | Meine geliebte Blume! |
| Egon: | Otto? – Meinst du, ich dürfte eventuell noch einmal an deiner Blume riechen? |
| Otto: | *Zögert.* Aber ganz vorsichtig! *Er hält ihm die Blume hin. Egon reckt seine Nase der Blume entgegen, doch je näher er kommt, desto weiter knickt die Blume nach hinten.* |
| Egon: | *Erstaunt.* Was soll denn das? |
| Otto: | *Riecht glücklich an seiner Blume.* Tja, du bist eben meine Blume. *Daraufhin richtet sich die Blume wieder auf. Egon versucht es noch mal, aber wieder knickt die Blume ab, wenn er sich ihr nähert.* |
| Egon: | He! |
| Otto: | Ich glaube, meine Blume hat eine Abneigung gegen dich. *Lacht.* <br> Mich magst du, stimmt's? *Die Blume nickt zweimal.* <br> Meine Blume! *Zeigt sie stolz herum.* |
| Egon: | *Wird langsam sauer.* Ist ja gut! Du mit deiner komischen Zauberblume! Egon hör' mir mal zu, ich hab' etwas viel Besseres! |
| Otto: | *Erstaunt.* Wirklich? |
| Egon: | Also, pass gut auf – ich hab' da noch etwas mitgebracht. *Er sucht in seiner Hosentasche und zieht nacheinander drei unsichtbare Bälle heraus.* Hier ist Ball Nummer eins, hier Ball Nummer zwei, und hier verehrtes Publikum, Ball Nummer drei! Nun werde ich damit jonglieren! <br> *Beginnt mit den unsichtbaren Bällen zu jonglieren.* |
| Otto: | Balla balla, he? *Schüttelt den Kopf.* |
| Egon: | Nix balla balla! |
| Otto: | *Wendet sich dem Publikum zu.* So was Blödes, das kann doch jeder! |

| | |
|---|---|
| Egon: | Es ist doch klar, dass du nichts siehst, das sind doch meine Zauberbälle! |
| Otto: | *Erstaunt.* Richtige Zauberbälle?! |
| Egon: | Ja. *Mit Nachdruck.* Richtige Zauberbälle. |
| Otto: | Das ist ja prima! Wirf doch mal einen deiner Zauberbälle in meine Vespertüte. *Holt aus seiner Tasche eine dünne Papiertüte.* Moment, ich bin gleich soweit. *Jongliert noch eine Runde.* So jetzt! Und 'hepp'! *Er wirft den Zauberball so stark, dass Egon durch den Aufprall umgeworfen wird und zu Boden stürzt.* |
| Egon: | Doch nicht so! Du sollst wie ein Jongleur werfen! |
| Otto: | Ach, jetzt hab ich verstanden – in die Tüte hinein? |
| Egon: | Natürlich in die Tüte hinein! |
| Otto: | Na, sag's doch gleich! *Er bereitet sich auf den Wurf vor: wärmt seine Muskeln auf, macht noch eine letzte Dehnübung und nimmt Anlauf. Kurz bevor er wirft, bremst er ab und wirft den Zauberball elegant in die Tüte.*<br>Und 'Hepp'! |
| Egon: | *Freut sich.* Angekommen!<br>Komm, diesen Ball werfen wir mal ganz hoch. |
| Otto: | Au ja, prima Idee!<br>*Sie zählen auf drei und werfen den Zauberball so hoch sie können. Sie schauen ihm nach, können ihn aber nicht mehr entdecken. Egon hält die Tüte hinter seinem Rücken und hat dem Publikum gerade den Rücken zugekehrt, als der Ball in der Tüte landet.* |
| Egon: | *Redet mit dem Ball in der Tüte.* Oh wie schön, dass du wieder da bist!<br>Wenn das so gut klappt, dann könnten wir ihn doch mal ins Publikum werfen. *Er sucht sich ein Kind aus, wirft ihm den Zauberball zu und fordert es auf, ihm den Ball wieder zurückzuwerfen. Wirft das Kind daneben, fällt er bäuchlings auf den Boden um den Ball zu fangen, oder rennt ihm hinterher… usw…* Oh la la, vielleicht lag das am Gegenwind, komm, wir probieren es eimal mit einem Kind von der anderen Seite. |
| Otto: | Au ja. *Wirft einem anderen Kind den Ball zu.* So, und jetzt bitte in diese Tüte zurückwerfen. Und 'Hepp'. Prima! Applaus! |
| Egon: | *Verschmitzt.* Schau doch mal in die Tüte rein. Ich kann nämlich auch zaubern. |
| Otto: | *Staunt.* Boah! Das ist aber ein großer Ball! *Er schaut in die Tüte und holt einen großen Schaumstoffball hervor. Sie schenken den Ball Paulinchen.* |

Beide: Liebes Publikum, das war's! *Verbeugen sich.*

## 4. Szene

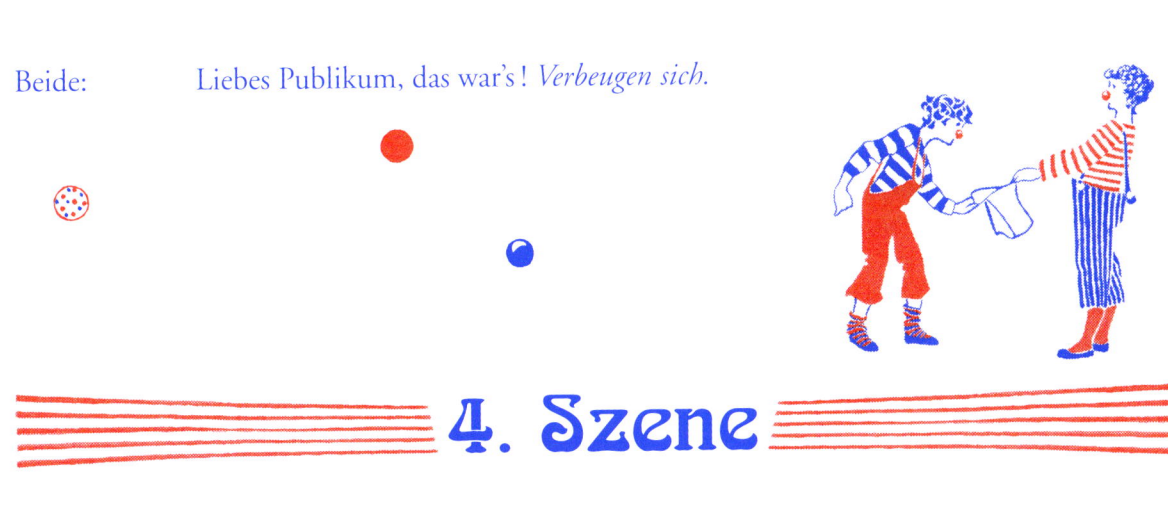

Lars: Hallo Paulinchen! Ich hab eine Überraschung für dich: *Hält seine Jonglierkeulen in die Luft.* Geburtstagskeulen! *Wendet sich an die Musik.* Bitte Musik! *Er zeigt eine Jongliernummer, in die er Paulinchen einbezieht.*

## 5. Szene

*Ein Clown in Lederhosen und mit einer Armbrust über der Schulter kommt tanzend in die Manege.*

Karlchen: La la la la la ... hallo Paulinchen, hallo! Wir sind heute gekommen, um dir an deinem Geburtstag ein kleines Kunststück vorzuführen. Ich bin nämlich Wilhelm Tell – der große Schütze. Ich schieße mit meiner Armbrust jeden Bock und jede Gemse von jedem Baum *Er legt an und zielt mit seiner Armbrust.* Aber einen Moment noch,

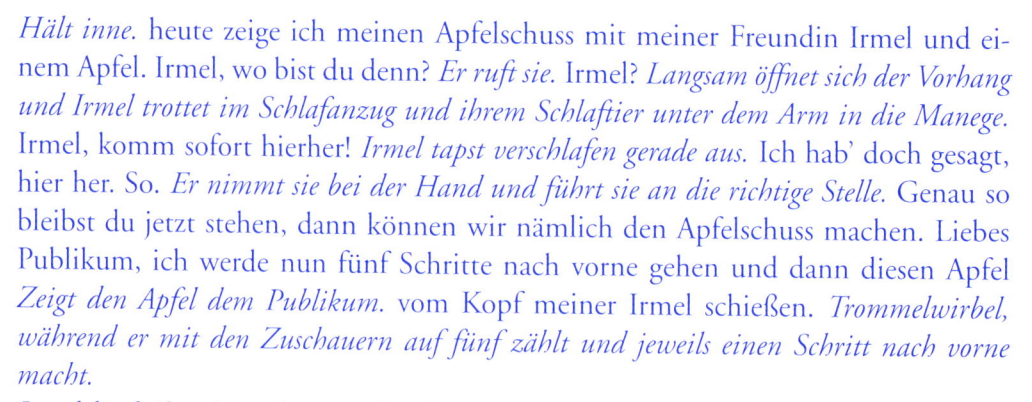

*Hält inne.* heute zeige ich meinen Apfelschuss mit meiner Freundin Irmel und einem Apfel. Irmel, wo bist du denn? *Er ruft sie.* Irmel? *Langsam öffnet sich der Vorhang und Irmel trottet im Schlafanzug und ihrem Schlaftier unter dem Arm in die Manege.* Irmel, komm sofort hierher! *Irmel tapst verschlafen gerade aus.* Ich hab' doch gesagt, hier her. So. *Er nimmt sie bei der Hand und führt sie an die richtige Stelle.* Genau so bleibst du jetzt stehen, dann können wir nämlich den Apfelschuss machen. Liebes Publikum, ich werde nun fünf Schritte nach vorne gehen und dann diesen Apfel *Zeigt den Apfel dem Publikum.* vom Kopf meiner Irmel schießen. *Trommelwirbel, während er mit den Zuschauern auf fünf zählt und jeweils einen Schritt nach vorne macht.*

*Irmel läuft ihm hinterher, macht aber noch einen sechsten Schritt, worauf sie zusammenstoßen.*

Sag mal, Irmel- ich sagte doch hier hinstellen. *Er nimmt sie am Arm und führt sie zurück.* So, und jetzt bitte aufwachen, dann können wir anfangen! Nur den Hut musst du noch abziehen. He, Irmel! Den Hut vom Kopf! *Er geht zu ihr und wirft den Hut auf den Boden. Sobald er sich umgedreht hat, setzt sich Irmel den Hut wieder auf.*

*Karlchen zählt laut auf fünf und macht fünf Schritte nach vorne.* Ja, was seh' ich denn da? Wir hatten doch ausgemacht, dass der Hut unten bleibt. Na na na na. *Tadelt sie.* Jetzt setzen wir dir einfach diesen Apfel auf den Kopf. *Setzt sich den Hut selber auf und stellt ihr den Apfel auf den Scheitel. Irmel beobachtet den Apfel genau aus den Augenwinkeln.* So, und nun schieße ich diesen Apfel von deinem Kopf! *Zählt fünf Schritte ab, legt die Armbrust an und dreht sich langsam um. Irmel beginnt so stark zu zittern, dass der Apfel auf den Boden fällt.* Ja so was, der Apfel scheint nicht dort oben bleiben zu wollen … *Wundert sich.* aber ich hab eine Idee. *Er beißt ein Stück von dem Apfel ab und legt ihn dann mit der Bissstelle nach unten wieder auf den Kopf.* Jetzt wird er besser halten. *Als Karlchen sich wieder umdreht, schnappt sich Irmel den Apfel und beißt ein ebenso großes Stück ab und versteckt den Apfel in der Hand hinter ihrem Rücken. Karlchen hat den Bogen gespannt und dreht sich um.* Na nu, wo ist der Apfel?

Irmel! Wo ist der Apfel hingekommen? *Er geht ihr entgegen. Schnell zieht Irmel den restlichen Apfel hervor und hält ihn über ihren Kopf.*

Ach so, da ist er ja. – Jetzt kann es losgehen. Eins, zwei, drei, vier, fünf Schritte, und jetzt spanne ich meine Armbrust … *Pfeift vergnügt ein Liedchen, unterdessen isst Irmel den ganzen Apfel auf.* Aufgepasst! *Dreht sich um.* Ich ziele! *Erstaunt.* Nein, das

darf doch nicht wahr sein! Wo ist der Apfel? Irmel zeig mir sofort, wo der Apfel ist! *Als er erzürnt auf sie zugeht, hält sie schnell den Stiel hoch.*
Nein, Irmel, ich will nicht den Stiel sehen, sondern den Apfel! Zeig' mir sofort, wo der Apfel ist. *Irmel ist erst ratlos, zuckt mit den Schultern und schaut fragend ins Publikum. Dann tritt sie zwei Schritte zurück, holt tief Luft und spuckt Karlchen den Apfel ins Gesicht.*
Hier! *Die Musik spielt einen Tusch. Irmel nimmt ihr Schlaftier und rennt so schnell sie kann hinter den Vorhang.*
*Erzürnt.* Na warte, wenn ich dich erwische! *Rennt Irmel hinterher.*

# 6. Szene

Valentina: Paulinchen?! Jetzt kommt eine ganz besondere Überraschung! Vorhang auf!
*Die Drei Akrobaten kommen in die Manege und stellen sich vor.*
Paul: Wir sind – die Drei – AAA-
Hugo: -KROO-
Paul: -BAA-
Trüli: *Mit Verzögerung.* TEN! *Sie verbeugen sich.*
Paul: Liebes Paulinchen, wir haben extra für dich ein paar ganz besondere Kunststücke eingeübt.
Hugo: Und los! *Sie zeigen ihre Akrobatiknummer.*
Trüli: Und nun singen wir dem Paulinchen ein Lied.
Paul: Ein Lied?
Hugo: Au Ja! *Er zählt das Lied ein.* Eins, zwei,
Paul: Drei, vier –
*Hugo und Paul zählen zusammen ein, Trüli schaut sie verstört an und macht nicht mit.*
Hugo & Paul: *Beginnen zu singen.*
Wir sind voll Taten, denn wir sind die Drei Akrobaten, wir dreh'n die ganze ......
Hugo: Moment, Moment, wir müssen das nochmals klären. Wer zählt jetzt ein, du oder ich?

| | |
|---|---|
| Paul: | Ich. |
| Hugo: | Na, gut. Los! |
| Paul: | 1, 2, 3, 4! Wir sind voll Ta a a t e n, denn wi i i ie r… *Sie brechen ab. Trüli hat sich beleidigt umgedreht und will gerade die Manege verlassen.* |
| Hugo: | Wo geht der denn hin? He, was soll das? Hiergeblieben! |
| Paul: | Was ist denn mit dir los? *Sie holen ihn zurück und stellen ihn in die Mitte.* |
| Trüli: | Wir hatten doch ausgemacht, dass ich einzählen darf! *Beginnt zu heulen.* Das haben wir doch immer so geübt! *Heult noch stärker.* |
| Paul: | Ach einzählen … *Winkt ab.* Wenn's nur das ist. |
| Trüli: | Ganz genau, das ist es! |
| Hugo: | Na gut, dann darfst du eben einzählen. Bist du bereit? Und los! |
| Trüli: | Eieieins, zweieiei, dreiei, viiier! |

*Sie singen ihr Lied.*

**Musik: Die Drei Akrobaten, Seite 88**

Wir sind voll Taten,
Denn wir sind die Drei Akrobaten.
Wir dreh'n die ganze Welt herum.
Ja, wir bringen Frohsinn und Glück,
Und die Musik treibt um
Und macht Karum di bum.
Wir sind voll Taten,
Denn wir sind die Drei Akrobaten.
Wir dreh'n die ganze Welt herum.

Seid bereit, denn gleich kommt der Schwung.
Begeisterung ergreift das ganze Publikum.
…
Jetzt geht's los Karacho di Krach.
Karum di bum.
Rigeros, karacho di Krach Karum dibum.
Karum di bum.
Einer und zwei, das sind drei.
Die Drei Akrobaten sind immer dabei.

*Gehen klatschend hinaus.*

| | |
|---|---|
| Valentina: | *Wendet sich an Paulinchen.* Jetzt hast du so schöne Geschenke bekommen und bist immer noch ganz unglücklich! |
| Paulinchen: | *Lässt traurig den Kopf hängen.* Wie soll ich denn auch glücklich sein, wenn der Drache Nepomuk sein Feuer noch nicht wieder hat? |
| Valentina: | *Erstaunt.* Feuer? – Ist er wirklich nur so traurig, weil er kein Feuer mehr hat? *Schaut Paulinchen fragend an.* Nur wegen seinem Feuer? Aber das ist doch wirklich kein Problem! Was macht man wenn man Probleme mit dem Feuer hat?! |

*Mit Nachdruck.* Man ruft die Feuerwehr! Ist doch klar!
Kommt, liebe Kinder, jetzt rufen wir alle zusammen die Feuerwehr! Feuerwehr! Feuerwehr! Feuerwehr! *Die Musik spielt einige Male Tatü, Tata, dann öffnet sich der Vorhang und ein Feuerwehrauto fährt mit lautem Gebimmel mehrere Runden in der Manege.*

# 7. Szene

| | |
|---|---|
| Hermi: | Los! Schnell die Schläuche her! Wasser marsch! *Er zieht den Schlauch aus dem Auto hervor und beginnt zu löschen, obwohl kein Feuer da ist.*<br>Helga hat einen Wasserbehälter mit Schlauch und Spritzdüse auf dem Rücken und beginnt ebenfalls zu löschen. Sie suchen das Feuer, können es allerdings nirgends finden, und spritzen dabei zufällig das Publikum nass.<br>Löschen! Alles löschen! |
| Helga: | *Hört auf zu löschen.* He, Moment mal, – hier brennt's ja gar nicht!<br>*Schaut sich suchend um.* |
| Hermi: | Wie – was soll das heißen – hier brennt's ja gar nicht?! Was soll denn das? Wir sind doch extra deshalb hergekommen. |
| Helga: | Das war ein Fehlalarm! |
| Hermi: | *Sauer und enttäuscht.* Ein Fehlalarm?! |
| Paulinchen: | Nein, das war kein Fehlalarm. Wir wollen nicht, dass ihr das Feuer löscht, – ihr sollt uns das Feuer bringen! |

| | |
|---|---|
| Hermi: | Feuer bringen? *Sehr bestimmt.* Ausgeschlossen! Wir sind nämlich die Feuerwehr. |
| Helga: | Und die Feuerwehr ist zum Löschen da! |
| Hermi: | Genau! Komm, wir packen wieder ein. |
| Paulinchen: | Nein! Stop, stop. |
| Hermi: | Was? |
| Paulinchen: | Ihr müsst uns doch helfen, weil der kleine Drache Nepomuk sein Feuer verloren hat. Stellt euch vor, er ist so schrecklich traurig, dass wir alle auch nicht fröhlich sein können! |
| Hermi: | Oh, je, aber was sollen wir denn da machen? |
| Paulinchen: | Ihr sollt das Feuer bringen! Ihr kennt euch doch damit aus. |
| Hermi: | Also, wir sind die Feuerwehr, |
| Helga: | *Unterbricht ihn:* Und die Feuerwehr ist leider nur zum Löschen da. |
| Hermi: | Wir können da nix machen. *Dreht sich um und will seine Sachen zusammenpacken.* |
| Helga: | Hermi, komm, wir müssen hier doch irgendwie helfen können! Die Feuerwehr kann doch immer helfen! |
| Hermi: | Gut, wir helfen euch! *Denkt konzentriert nach.* |
| Helga: | *Grübelt, schreit plötzlich:* Ich hab eine Idee! |
| Hermi: | Eine Idee? Schnell, sag's! |
| Helga: | Du kannst doch einfach Feuer s p u c k e n, anstatt zu löschen! |
| Hermi: | Feuer spucken? *Sehr selbstsicher.* Na klar, spuck ich Feuer! Das ist doch überhaupt kein Problem! *Schaut sich um und zögert.* Na, ich weiß nicht so recht… *Ängstlich.* Ich glaube, das ist ganz schön gefährlich. |
| Helga: | *Winkt ab.* Ach was, da kann doch überhaupt nix passieren. |
| Hermi: | Und wenn ich mich verbrenn', was mach ich dann? |
| Helga: | *Überlegt:* Hmm, – dann trinkst du vorher einfach einen Schluck Wasser, dann kann überhaupt nix passieren! |
| Hermi: | *Trinkt einen Schluck Wasser, Helga zündet eine Fackel an und hält sie ihm vors Gesicht.* |
| Helga: | So, jetzt musst du nur hier reinspucken. |
| Hermi: | *Schüttelt mit vollen Backen den Kopf und spuckt das Wasser aus.* Ne ne ne ne, – das sieht mir doch ein bisschen zu gefährlich aus. |

| | |
|---|---|
| Helga: | Da kann ü b e r h a u p t nichts passieren! |
| Hermi: | *Schreit entsetzt.* Und wenn ich dann aber doch brenn'! Stell dir das doch mal vor! |
| Helga: | *Grübelt.* Hmmm, – ich hab's! *Läuft aufgeregt vor ihm auf und ab.* Wenn du brennst, dann lösch ich dich einfach! *Sie spritzt ihm Wasser ins Gesicht.* |
| Hermi: | *Schreit.* Aber ich brenn' doch noch gar nicht! |
| Helga: | Ich wollt's dir ja nur einmal zeigen… |
| Hermi: | Ja, jetzt aber mal gut aufgepasst. *Er wischt sich das Wasser aus dem Gesicht.* So, ZONKRENTATION! *Er brüstet sich.* Ich spucke Feuer! *Holt tief Atem. Kurz, bevor er spucken will, spritzt ihn Helga wieder nass.* Ach Helga, so kann ich doch nicht Feuerspucken, wenn du mich immer nass machst! |
| Helga: | Ich wollte eben immer gut aufpassen! |
| Hermi: | Ja, sehr gut hast du aufgepasst. *Schüttelt den Kopf.* |
| Helga: | Also gut, jetzt noch mal. |
| Hermi: | Zum letzten Mal! |
| Helga: | Zum letzten Mal! |
| Hermi: | Aber vorsichtig! *Wendet sich an das Publikum.* Und ihr passt alle mit uns auf! Einverstanden? Gut. |
| Helga: | Genau! Ich zähle bis drei und dann spuckst du Feuer. Bereit? |
| Hermi: | *Trinkt einen Schluck und nickt mit dem Kopf.* *Helga zählt auf drei.* *Hermi spuckt das Wasser in die Flamme und löscht die Fackel aus.* |
| Helga: | *Sehr enttäuscht.* Wie schade! Du sollst sie doch nicht auspusten! |
| Hermi: | *Resigniert.* Siehste, das geht nicht! Die Feuerwehr ist eben nur zum Löschen da! |
| Helga: | *Ermutigt ihn.* Komm, versuchen wir's noch einmal, sonst können die Gäste doch nicht Geburtstag feiern! Wir müssen ihnen helfen! |
| Hermi: | *Zögert.* Na gut, wenn du meinst. *Nervös.* Aber ich bin schon ganz schön aufgeregt. *Wendet sich an das Publikum.* Und ihr passt wieder auf, ja? *Er sucht nach seiner Wasserflasche.* Jetzt hab ich gar nichts mehr zu trinken! |
| Helga: | *Zieht einen Flachmann aus seiner Jackentasche. Feierlich:* Dann darfst du heute ausnahmsweise einmal aus meiner Vesperflasche trinken. |
| Hermi: | Na, dann gib mal her. Seid ihr bereit? *Führt die Flasche an den Mund.* |

| | |
|---|---|
| Helga: | Jetzt wird's ernst... *Reibt sich die Hände.* *Hermi will gerade einen Schluck trinken, da unterbricht ihn Helga:* Übrigens Hermi, was ich dir noch mal sagen wollte: Falls du eventuell brennen solltest – du weißt ja, ich bin immer für dich da und lösch dich. |
| Hermi: | *Nickt wohlwollend mit vollem Mund.* |
| Helga: | Gell, und wenn du Angst hast oder so,... |
| Hermi: | *Wird langsam ungeduldig und deutet ihr pantomimisch an ruhig zu sein.* |
| Helga: | Hermi, hörst du? Wenn du brennst – |
| Hermi: | *Spuckt genervt das Wasser in hohem Bogen aus und unterbricht sie barsch:* Dann löschst du mich! – Lass uns jetzt anfangen. |
| Helga: | Aber natürlich. Ich bin bereit. *Hermi bereitet sich auf das Feuerspucken vor, nimmt einen großen Schluck aus der Flasche und stellt sich in Position. Im entscheidenden Moment bekommt er es mit der Angst zu tun und beginnt zu zittern.* *Aufgeregt.* Hermi, was ist mit dir? |
| Hermi: | *Spuckt die Flüssigkeit wieder aus.* Ich kann doch nicht Feuerspucken! Ich habe Angst. |
| Helga: | *Nimmt ihn in den Arm.* Aber Hermi, nur nicht den Mut verlieren! Schau, ich bin die beste Feuerlöscherin der Welt. *Sie flüstert ihm ins Ohr.* Und wenn du brennst, dann... |
| Hermi: | *Flüstert ihr ins Ohr.* Dann löschst du mich. |
| Helga: | *Freudig.* Genau. Und weißt du was? Wir brauchen einfach noch viele Helfer! *An das Publikum gewandt:* Liebe Kinder, wir zählen alle zusammen laut und kräftig auf drei, dann kann Hermi sicherlich Feuerspucken! |
| Hermi: | *Voller Überzeugung.* Ja wenn das so ist, dass alle Kinder mithelfen, dann ist das natürlich überhaupt kein Problem. ZONKRENTATION! *Hermi holt tief Luft, nimmt wieder einen Schluck aus der Flasche und spuckt eine große Flamme. Helga hüpft begeistert um ihn herum und küsst ihn auf die Wange.* |
| Helga: | Hermi, kannst du eine riesengroße Geburtstagsflamme für Paulinchen spucken? |
| Hermi: | Überhaupt kein Problem! Bist du bereit? |
| Helga: | *Flüstert:* Und wenn du brennst...... |
| Hermi: | *Hermi hat schon den Mund voll.* Hmhmhmhmmmmm. *Dann spuckt er wieder eine Flamme.* |

Helga: Komm, jetzt geben wir dem Drachen auch ein bisschen Feuer, damit alle wieder glücklich sind. *Sie verlassen die Manege, um den Drachen zu suchen.*

# 8. Szene

**Finale**

*Der Drache kommt mit Blumen geschmückt und aus der Nase rauchend in die Manege. Paulinchen und ihre Freunde sind überglücklich und tanzen einen fröhlichen Tanz mit dem Drachen.*

*Nun kann das Fest beginnen.*

# circus CALIBASTRA

## Die verrückten Jahreszeiten

# Die verrückten Jahreszeiten

Die vier Jahreszeiten haben sich im Streit getrennt, da sie sich nicht einigen konnten, wer im Jahreslauf wie lange herrschen darf. Sommer und Winter haben nun das Regiment übernommen und den Frühling und den Herbst kurzerhand einfach davongejagt. Die Natur leidet sehr unter dem verrückten Spiel der Jahreszeiten. Ein Baum klagt den vorbeikommenden Clowns sein Leid und bittet sie um ihre Hilfe. Die Clowns machen sich auf den Weg die einzelnen Jahreszeiten zu besuchen um sie wieder zur Vernunft zu bringen. Ein großes Jahreszeitenfest soll zur Versöhnung gefeiert werden.

### Personen

| | |
|---|---|
| **Die vier Jahreszeiten:** | Frühling, Sommer, Herbst und Winter |
| **Ein kranker Baum** | |
| **Die Clowns:** | Anton, Luise, Max, Peppo, Lotte |
| **Artisten im Reich des Frühlings:** | Elfen, Zwerge, Blumenkinder, Schmetterlingsprinzessinnen usw. |
| **Artisten und Nummern im Reich des Herbstes:** | Erntedanktanz, Feuerjonglage, Feuerspucken, Bodenakrobatik usw. |
| **Artisten und Nummern im Reich des Winters:** | Schneeballjonglage, Schneeflockentanz, Schneekönigin auf dem Drahtseil, Eisvögel am Trapez, Fasnachtshexen usw. |
| **Artisten und Nummern im Reich des Sommers:** | Trampolinspringen Strandjonglage, Sommertanz usw. |

# 1. Szene

## Der Streit

*Es ist dunkel. Ein Baum steht in der Manege; es wird langsam hell. Der Baum beginnt sich zu bewegen und wiegt seine Äste langsam im Wind. Die vier Jahreszeiten kommen herein und tanzen einen Jahresreigen um den Baum herum. Zuerst tanzt der Frühling in hellem Licht, dann der Sommer in rötlichem Licht mit lauter Musik, danach der Herbst mit raschelndem Gewand und zuletzt schreitet der Winter majestätisch in blauem Licht um den Baum herum. Dann tritt der Sommer in den Vordergrund, tanzt alleine und singt laut. Der Herbst kommt dazu und bläst kräftig auf den Sommer ein. Der Sommer singt noch lauter. So geht das einige Male hin und her.*

Sommer: *Blickt sich erstaunt um.* Was soll denn das jetzt?

Herbst: *Drängt sich in den Vordergrund.*
Ja, ich bin dran! Nach dem Sommer kommt der Herbst.

Sommer: *Unterbricht ihn.* Ja, nach dem Sommer kommt der Herbst, – aber der Sommer ist noch nicht fertig, *Er treibt den Herbst in die Ecke und antwortet triumphierend.*
Denn er dauert jetzt – ein ganzes Jahr!
*Der Sommer freut sich und tanzt in der Manege.*

*Der Winter kommt dazu und stellt sich vor den Herbst.*

Herbst: He du, du drängelst dich einfach vor, ich bin dran!

Winter: Das dauert mir zu lange.

Frühling: Also Moment, eigentlich bin ich dran, ich muss doch noch meine Knospen und meine Blüten fertig machen.

Sommer: Knospen und Blüten, papperlapapp, wer braucht denn Knospen und Blüten, wenn es Sommer ist?

Winter: *Zum Herbst und Frühling:* Ich brauche euch beide auch nicht, ihr könnt gehen.

Sommer: Ja, marsch!

Winter: Geht endlich!

Herbst: Gehen, – wir? Wir sollen gehen?

Sommer: Genau.

Herbst: *Antwortet gekränkt.* Gut, ich gehe.

Sommer: *Triumphierend.* Wunderbar!

| | |
|---|---|
| Frühling: | *Er hält den Herbst fest.* Nein, nein, bleib da! Also, ich habe einen Vorschlag zu machen. Wir reden jetzt noch einmal über alles und dann fangen wir noch einmal von vorne an. |
| Winter: | Ihr könnt jetzt gehen, ich brauche euch nicht. |
| Herbst: | *Zögerlich.* Du, du brauchst uns nicht? |
| Winter: | Ja, ganz richtig. |
| Herbst: | Aber der Baum und die ganze Natur, die brauchen uns. |
| Sommer: | Ach was! *Winkt ab.* |
| Herbst: | *Blickt sich besorgt um.* Und die Natur wird krank werden wegen euch. *Wendet sich hilfesuchend an den Frühling. Dieser schüttelt verständnislos den Kopf und blickt ihn fragend an. Trotzig schaut der Herbst noch einmal die anderen Jahreszeiten an, packt entschlossen den schüchternen Frühling an der Hand und ruft in die Runde:* Wir gehen! Ihr werdet schon sehen, was passieren wird. *Frühling und Herbst verlassen die Manege.* |
| Sommer: | Sommer wird passieren, schön warm wird es werden. |
| Winter: | *Tritt in den Vordergrund und will gerade damit beginnen seine Jahreszeit zu preisen.* Ihr Eiszapfen und Schneekristalle – *Entdeckt verwundert den Sommer.* Was machst du denn noch hier? |
| Sommer: | Ja und du, was machst du hier? Ich mache Sommer! *Beginnt „O sole mio" zu singen.* |
| Winter: | Ich mache Winter! *Spricht kalt und schneidend. Gestikuliert dabei kantik und hart.* |
| Sommer: | Oh, Winter, wie fürchterlich! |
| Winter: | Mit Eis und Kälte! |
| Sommer: | Oh weh! Meine Stimmbänder! |
| Winter: | Und du, du gehst besser. *Verweist den Sommer aus der Manege.* |
| Sommer: | Ich gehe schon. – *Läuft um den Baum herum, kommt von der anderen Seite wieder und singt laut.* Und komme wieder und es ist Sommer, so schön warm. |
| Winter: | Moment, es kommt ein Eissturm! *Wirbelt einmal um den Baum herum.* |
| Sommer: | Oh, oh, ich werde mich erkälten. *Fasst sich besorgt an den Hals.* |
| Winter: | Es wird eiskalt. |
| Sommer: | *Weinerlich.* Nein, nicht eiskalt, meine Stimmbänder. |
| Winter: | Eiskalt. *Spreizt seine Finger und geht auf den Sommer zu.* |
| Sommer: | Nein, nein, nicht eiskalt, – |
| Winter: | Eis- Eiskalt! |

| | |
|---|---|
| Sommer: | *Tritt mutig vor den Winter.* Es wird warm, nur ein bisschen warm, ein bisschen wärmer, dann wärmer und wärmer und wärmer… |
| Winter: | Hör auf, ich schmelze ja. |
| Sommer: | Sehr gut. Dann kannst du ja gehen. |
| Winter: | Och, geh doch selber! |
| Sommer: | Nein, niemals. |
| Winter: | Ich auch nicht. *Wendet ihm den Rücken zu; nach einer Weile blickt er sich um und entdeckt gereizt den Sommer.* Du bist ja immer noch da! |
| Sommer: | Du doch auch. Allmählich dauert mir das hier zu lange. |
| Winter: | Und mir erst, – wir brauchen eine Lösung. |
| Sommer: | Eine Lösung, – ja, wir brauchen eine Lösung. |
| Winter: | Eine winterliche… |
| Sommer: | Eine sommerliche… Ich habe eine Idee! Du darfst Winter machen. |
| Winter: | Ja, mit Eiszapfen und Schneestürmen? |
| Sommer: | Ja, und zwar genau 10 Minuten und dann kommt der Sommer. *Singt laut.* La, la, la. |
| Winter: | 10 Minuten? *Blickt fragend in der Manege umher.* |
| Sommer: | Ja sicher. |
| Winter: | *Sehr entrüstet.* Nur 10 Minuten? |
| Sommer: | Na ja, weil du es bist. – *Überlegt kurz.* – Dann eben 11 Minuten oder meinetwegen auch 12 Minuten. |
| Winter: | *Entsetzt.* Pah! Ich brauche mindestens ein Dreivierteljahr! |
| Sommer: | Ein Dreivierteljahr Halsschmerzen, nein, das ist ja eine schreckliche Vorstellung, – ich gebe dir ein Vierteljahr. |
| Winter: | *Sehr trotzig.* Ich brauche ein halbes Jahr und 10 Minuten. Schluss aus! |
| Sommer: | Ein halbes Jahr und 10 Minuten? Nein, *Mit Nachdruck.* nein! – Ein halbes Jahr und keine Minute mehr, mein letztes Angebot. |
| Winter: | Aber nur, wenn du auch nur ein halbes Jahr machst. |
| Sommer: | Meinetwegen. |
| Winter: | *Schwärmerisch.* Ein halbes Jahr Eis und Schneestürme, ach, Eis und klirrende Kälte! Ach, wie wunderbar! *Geht langsam hinaus.* |
| Sommer: | Schön warm, in der Sonne liegen, schön warm, am Strand liegen und sich die Sonne auf den Bauch scheinen lassen, ein halbes Jahr… *Sommer tanzt langsam hinaus…* |

# 2. Szene

## Der kranke Baum

*Die Clowns kommen aus allen Richtungen in die Manege und tanzen singend um den Baum herum. Sie bleiben vor dem Baum stehen.*

Anton: Schaut mal! Hier ist ein Baum. Hier machen wir unser Picknick.

Alle: Au ja. *Sie packen umständlich Stühle und Decken und einen Grill aus.*

Max: Ich bin heute der Küchenchef, – beim Grillen meine ich.

Anton: Prima!– Ich möchte bitte ein Steak, gut durchgebraten, mit Kartoffelsalat und mit Salz und Pfeffer serviert.

Peppo: Und ich möchte ein Vanilleeis, gut durchgeschmort mit eiskalten Himbeeren und Zwiebeln oben drauf.

Lotte: Ich möchte ein Riesenschnitzel mit Apfelmus und Knoblauch. Mmh.
*Reibt sich den Bauch. Der Küchenchef schreibt alles auf eine Tafel.*

Anton: Habt ihr Spiritus dabei?

Peppo: Nein, aber das macht gar nichts, das geht auch mit Wasser.

Lotte: *Schüttelt belustigt den Kopf.* Na ja, das hab ich ja noch nie gehört…

Peppo: *Zieht eine Flasche aus der Hosentasche.*
Das ist nämlich Grillwasser. So, schaut her! – Soll ich viel oder wenig nehmen?

Alle: *Begeistert.* Viel!

Peppo: Vi-i-i-el *Spritzt mit dem Wasser um den Grill herum.*
So, jetzt wird es ein klein wenig gefährlich. Anton, weißt du was, DU darfst den Grill anzünden. *Reicht ihm gönnerhaft die Streichhölzer.*

Anton: Ich? Na ja, wenn du meinst… Bitte einen großen Schritt zurück. – *Fordert die Clowns auf Abstand zu halten.*

Peppo: *Ein wenig besorgt.* Sei aber vorsichtig, das ist explosiv.

Luise: Ja, ja –

Anton: *Wirft das Zündholz auf den Grill und rennt weg. Kurz vor dem Ausgang bleibt er stehen und ruft:* Es brennt!
*Schaut sich suchend um.* Komisch, ich sehe keine Flammen.

Luise: Ja, das ist so, beim Grillwasser sind die Flammen immer unsichtbar.

| | |
|---|---|
| Max: | *Verwundert.* Unsichtbar? |
| Anton: | Ach so, jetzt sehe ich auch die unsichtbaren Flammen. Ich dachte schon, es brennt gar nicht. |
| Max: | Ich habe übrigens nichts zum Grillen dabei, das hättet ihr nämlich selber mitbringen müssen. |
| Lotte: | Kein Apfelmus mit Knoblauch? |
| Luise: | Und kein Vanilleeis? |
| Lotte: | Also gut, das macht nichts, dann grillen wir uns einfach eine Traumphantasietorte! |
| Luise: | Au ja, ich mag eine Schokoladentorte. |
| Anton: | Ich mag eine Clementinentorte. |
| Lotte: | Und ich eine Bananentorte und den Pudding oben drauf schön braungebrannt, ja? |
| Luise: | *Ungeduldig.* Wie lange dauert es denn? *Max hantiert umständlich an dem Grill herum.* |
| Max: | Grillen braucht Zeit! |
| Luise: | *Ungeduldig.* Ist es jetzt fertig? |
| Max: | *Mit Nachdruck:* Grillen braucht Zeit! |
| Luise: | Und jetzt? |
| Peppo: | Hat jemand von euch heute schon einen Mittagsschlaf gemacht? |
| Alle: | Nein. *Sie blicken sich verwundert an.* |
| Anton: | Das ist eine prima Idee. Also wir machen jetzt alle ein kleines Nickerchen und du Grillchef, *Klopft Max auf die Schulter.* passt so lange auf den Grill auf. |
| Max: | Nein, nein ich bin heute so müde. Ich will nicht. |
| Lotte: | Moment, das machen wir gerecht, – wir zählen aus. Ene, mene, Miste, es rappelt in der Kiste Und du bist dran! *Zeigt auf Max.* |
| Max: | *Seufzt müde.* Na gut! *Setzt sich an den Grill. Alle schlafen ein, Max auch.* |

*Langsam wird das Licht in der Manege dunkel, eine traumhafte Stimmung entsteht, in der der Baum seine Stimme erhebt und sein Leid klagt.*

| | |
|---|---|
| Baum: | Oh, wehe mir, ich bin so krank, ich berste fast vor Pein, der Jahreszeiten großer Zank lässt mich um Hilfe schrein. Der Winter breitet hart sich aus und macht mich spröd' und starr, |

>             ich treibe keine Knospen aus,
>             was mir sonst Freude war.
>             Der Sommer greift mich trocken an, ich bin schon völlig lahm,
>             wann kommt des Herbstes Regen, wann? So frag ich mich im Gram.
>             Die Blätter hängen von den Zweigen, wie trockenes Papier,
>             vom großen Jahreszeitenreigen blieben nur zwei von vier.
>             Ich wünsch mir so den Herbst zurück und auch des Frühlings Zier,
>             vorbei ist all mein ganzes Glück, oh helft mir doch, helft mir!

*Erschlafft lässt er die Zweige hängen. Es wird langsam hell. Max wacht auf und schreit.*

| | |
|---|---|
| Max: | *Aufgeregt.* Schnell, schnell wacht auf; ich hab etwas Schreckliches geträumt! Aufwachen! *Alle anderen Clowns wachen auf und räkeln und strecken sich.* |
| Luise: | Ich habe auch etwas geträumt! Und zwar von einem Baum, der hatte so große weiße Apfelblüten und – *Wird unterbrochen.* |
| Anton: | Dann, dann kam der Winter und hat sie alle kaputt gemacht. Stimmt's? |
| Luise: | Genau! – Mein Baum, der war ganz eingefroren, so richtig mit Eiszapfen dran… huh und kalt war's da. *Zittert vor Kälte.* |
| Peppo: | Der Baum, den ich gesehen habe, der hing voll mit wunderschönen Äpfeln – und plötzlich waren sie alle vertrocknet, obwohl sie noch gar nicht reif waren! *Schüttelt verwundert den Kopf.* |
| Lotte: | Genau das habe ich auch gesehen, – und wisst ihr, warum das so ist? Weil der Winter viel zu kalt ist und der Sommer viel zu heiß ist und der Herbst und der Frühling gar nicht mehr da sind! |
| Alle: | *Reagieren bestürzt und stimmen ihm bei.* Stimmt, der Frühling und der Herbst waren gar nicht mit dabei. |
| Anton: | *Dreht sich um und entdeckt den Baum hinter sich.* Schaut mal, schaut mal den Baum an, das ist der, den ich in meinem Traum gesehen habe. |
| Alle: | Ja, das ist er! |
| Luise: | Der blickt einen ja richtig an! |
| Anton: | Ja, ganz traurig, ooh! |
| Max: | *Entschlossen.* Da müssen wir etwas unternehmen! |
| Lotte: | *Stimmt ihm bei.* Ja, oh ja, das finde ich auch.<br>Wir müssen dem Baum helfen, damit es ihm wieder gut geht. |
| Alle: | Au ja! *Alle freuen sich.* |

| | |
|---|---|
| Luise: | *Hält inne.* Aber was können wir tun? |
| Alle: | *Alle denken nach und reden durcheinander.* Ach so, stimmt ja… Oh, was machen wir denn da? |
| Max: | Ich hab's! |
| Alle: | Was? |
| Max: | Ich hab's, ja. Wir gehen zum Sommer, zum Winter, zum Herbst und zum Frühling und dann werden wir mit jedem ein Hühnchen rupfen, – die müssen sich doch wieder versöhnen können! |
| Alle: | *Begeistert.* Ja! Ja! Dann laden wir sie zu einem Fest ein, – zu einem „Jahreszeitenfest" unter unserem Baum! *Sie tanzen singend und klatschend um den Baum herum.* |

# 3. Szene

## Im Reich des Frühlings

*Die Beleuchtung ist hell und freundlich. Der Frühling kommt mit zwei Elfen herein. Sie tanzen einmal in der Manege herum und versprühen einen Frühlingsduft. Die zwei Clowns Anton und Luise kommen schnuppernd herein.*

| | |
|---|---|
| Anton: | Mmmh, riecht es hier gut. |
| Luise: | So nach Blumen und nach Apfelblüten. |
| Beide: | Und nach Frühling… mmmh… |
| Anton: | Ja genau, nach Frühling! *Hüpft vor Freude.* |
| Luise: | Prima, den Frühling suchen wir doch! |
| Anton: | Dann muss er hier irgendwo sein. |
| Luise: | Er muss hier irgendwo stecken. Wir müssen ihn herbeilocken. |
| Anton: | Gut, vielleicht mit einem Gedicht. |
| Luise: | Genau, mit einem Frühlingslockruf! *Sie dichten abwechselnd:* |
| Anton: | Frühling, Frühling, |
| Luise: | Du bist schön, |
| Anton: | Komm herbei, |
| Luise: | Und lass dich seh'n! *Freuen sich und klatschen.* |
| Anton: | Komm, wir rufen unsern Frühlingslockruf ganz laut, dann kommt er bestimmt! |

| | |
|---|---|
| Beide: | Frühling, Frühling, du bist schön, komm herbei und lass dich seh'n! *Schauen suchend umher.* |
| Luise: | Er ist wieder nicht gekommen. *Sucht hinter dem Vorhang.* |
| Anton: | Oh jemine, er will einfach nicht kommen. Was sollen wir denn jetzt machen? |
| Luise: | Ich habe eine gute Idee. Er hat uns bestimmt nicht gehört. Wir fragen einfach die vielen Kinder, ob sie uns helfen den Frühling zu rufen. Vielleicht hört er es dann. |
| Beide: | *An alle Kinder:* Helft ihr uns den Frühling zu rufen? |
| Kinder: | Ja! |
| Anton: | Ja, dann muss er kommen. Wisst ihr noch, wie unser Lockruf geht? Hört gut zu, wir sagen ihn nochmals: <br> Frühling, Frühling, du bist schön, komm herbei und lass dich seh'n. |
| Luise: | So, jetzt mit euch zusammen. Ganz laut und ganz schön, so dass er es bestimmt hört. *Zusammen mit dem Publikum.* Frühling, Frühling, du bist schön, komm herbei und lass dich seh'n. – Er ist immer noch nicht da. |
| Anton: | Seht ihr ihn? Also noch ein bisschen schöner und noch ein bisschen lauter und ganz „frühlingshaft". *Zusammen mit den Kindern.* Frühling, Frühling, du bist schön, komm herbei und lass dich seh'n. <br> *Der Frühling kommt tanzend herein und alle freuen sich.* <br> Bist du der Frühling? Ja? *Zu den Kindern:* Gut habt ihr das gemacht. |
| Frühling: | Und wer seid ihr? Ach das ist egal. Ihr kommt mir wie gerufen. Stellt euch hier hin. |
| Beide: | Aber wir wollen dir etwas sagen! |
| Frühling: | Jetzt nicht. Ich hab etwas für euch. *Ruft seine Tänzer herein.* <br> Kommt, meine Tänzer, tanzt meinen Gästen einen Frühlingstänzchen! <br> *Zu den Clowns:* So, setzt euch hier neben mich und schaut gut zu! |

*Eine Gruppe feenhaft gekleideter Tänzer kommt herein und tanzt einen lustigen, beschwingten Tanz.*

**Frühlingstanz**

| | |
|---|---|
| Luise: | Bravo. |
| Frühling: | Kommt, kommt. *Er nimmt die Tänzer bei der Hand und führt sie hinaus.* <br> *Zu den Clowns:* Hat es euch gefallen? |
| Anton: | *Begeistert.* Ja! |
| Frühling: | Das freut mich sehr, jetzt müsst ihr schnell zur Seite gehen. Ich habe noch eine Überraschung für euch! Aufgepasst, hier kommen meine Blumenkinder! <br> *Hält ihnen den Vorhang auf.* |

*Als Blumen verkleidete Jongleure betreten die Manege und zeigen ihre Nummer.*
**Jonglage**

| | |
|---|---|
| Frühling: | *Zu den Clowns:* Ihr könnt gleich sitzen bleiben! Schaut mal, was jetzt kommt! |
| Luise: | *Staunt sehr, als ein Drahtseil in die Manege getragen wird.* Oh, oh. |
| Frühling: | So, jetzt, kommt etwas ganz Feines… |
| Anton: | Was denn? |
| Frühling: | *Aufgeregt.* Stellt euch mal vor, – stellt euch das mal vor, eine wunderschöne Schmetterlingsfamilie läuft über dieses Seil! |

### *Drahtseilbalance*

*Der Vorhang geht auf und zwei Schmetterlingsprinzessinen balancieren über das Seil und zeigen ihre Kunststücke. Der Frühling begleitet ihre Darbietung aufmerksam und leistet ihnen galant Hilfestellung. Die Clowns staunen, warten ungeduldig und aufgeregt auf den Frühling.*

| | |
|---|---|
| Luise: | *Ungeduldig.* Jetzt müssen wir dir aber wirklich etwas sagen, es ist nämlich sehr, sehr wichtig. |
| Frühling: | Was, sehr, sehr wichtig? |
| Anton: | Deswegen sind wir beide auch gekommen. |
| Frühling: | *Denkt angestrengt nach.* Ich habe es! Ich weiß es. Ihr habt Hunger, natürlich, ihr müsst ja wirklich Hunger haben. |
| Luise: | Auf eine Torte, auf eine Torte! *Freuen sich.* |
| Frühling: | Ich bestelle euch etwas: Meine dienstbaren Geister bringt mir etwas zu essen. Ja, kommt! Meine Gäste haben Hunger! |

*Vier Zwerge kommen tanzend mit einer Schubkarre in die Manege und bringen den Clowns etwas zu essen. Sie tanzen kurz und wollen gleich wieder gehen.*

| | |
|---|---|
| Frühling: | *Hält sie zurück.* Halt! Halt! Was habt ihr denn da in der Schubkarre? *Schaut sich die Diabolos an.* Ha? Was ist das? *Überlegt kurz.* Ich weiß es, ich weiß, was das ist. Das sind Kunststückmacher, damit kann man Kunststücke machen, ha, ha, und ihr könnt es.<br>Ich weiß es, ha, ha und ihr macht es jetzt vor. Bitte, bitte, bitte. Bitte! Ich habe nämlich Gäste! |

*Die Zwerge packen ihre Diabolos aus.*

| | |
|---|---|
| Frühling: | *Zu den Clowns.* Oh schaut nur, sie machen uns ein Kunststückchen vor! Oh, wie prima! *Hüpft vor Freude.* |

### *Diabolonummer*

*Die Zwerge wollen hinausgehen. Der Frühling hält sie fest.*

| | |
|---|---|
| Frühling: | Kommt in die Mitte, *Er winkt die Zwerge nochmals herbei und erklärt ihnen, dass sie sich gebückt nebeneinander stellen sollen.* und stellt euch hier hin. Und jetzt kommt eine Überraschung! |
| Anton: | *Erstaunt.* Noch eine? |
| Frühling: | Meine Elfe, komm' herein!<br>*Winkt eine Elfe herein, die elegant über die Rücken der Zwerge zu ihrem Trapezseil gelangt, das Seil hochklettert und in großer Höhe ihre Trapezkünste zeigt.* |

*Trapeznummer*

Frühling: Und für meine Gäste gleich noch die schönsten Frühlingsbänder, die ihr je gesehen habt! Überraschungsbänder, oh passt gut auf, sie sind so hübsch!

*Bänderschwingen*

*Viele Elfen betreten die Manege und zeigen eine Nummer mit pastellfarbenen Gymnastikbändern.*

Anton: *Sehr ungeduldig.* So, und jetzt müssen wir dir wirklich etwas sagen. Unsere Nachricht ist sehr wichtig!

Frühling: Eure Nachricht, die muss ja unheimlich interessant sein, – ihr müsst sie mir sofort erzählen.

Luise: Allerdings.

Frühling: Aber erst nach meinen Zauberern und Elfen. *Winkt die Jongleure herein.* Kommt herein!

*Keulenjonglage*

Anton: So, jetzt sind wir dran, klar?

Frühling: *Nickt verständnisvoll.* Ja, selbstverständlich, das hatten wir doch so ausgemacht; – jetzt seid ihr dran.

Luise: Wir müssen dir nämlich etwas Wichtiges sagen.

Frühling: Raus mit der Sprache, das habt ihr vorhin schon gesagt!

Anton: Wir haben einen Baum getroffen, der sehr krank und traurig ist. Und weißt du warum? Weil sich die Jahreszeiten gestritten haben, nur weil du, der Winter, der Sommer und der Herbst verrückt spielt.

Frühling: *Verteidigt sich vehement.* Ja, da bin ich nicht schuld. Da sind der Sommer und der Winter schuld, die beiden haben uns rausgeworfen! Mich und den Herbst – einfach rausgeworfen. Geht doch zu den beiden und sagt ihnen, dass sie das wieder in Ordnung bringen sollen.

Luise: Ja, wir werden sie auch zu unserem großen Fest einladen. Weißt du, wir machen ein Jahreszeitenfest. Da gibt es Eis, und Frühlingsrolle und Erdbeeren und Torten, so dick und so hoch, mit Sahne und Zuckerhäubchen. Und dazu wollen wir dich ebenfalls einladen!

Frühling: *Verunsichert.* Aber da kommen der Winter und der Sommer auch, da kann ich nicht. Da muss ich mit meinen Elfen üben, ich, – *Zögert.* –, in der Zeit kann ich nicht.

Anton: Oh, du musst kommen. Du bist unser Ehrengast. Und vielleicht wollen sich ja der Sommer und der Winter bei dir und dem Herbst entschuldigen.

| | |
|---|---|
| Frühling: | Entschuldigen und noch einmal über alles reden? Und dann darf ich wieder meine Knospen sprießen lassen. *Hält inne.* |
| Luise: | *Ergänzt triumphierend.* Und Blumen und Apfelblüten blühen lassen. |
| Frühling: | *Gerührt.* Meine Apfelblüten! Und dann komme ich nach dem Winter und vor dem Sommer – so wie früher! |
| Anton: | Und dann könnt ihr wieder ein ganzes Jahr gemeinsam machen und unserem Baum geht es wieder gut. |
| Frühling: | *Will gleich aufbrechen.* Wo ist das Fest? |
| Beide: | *Nehmen ihn bei der Hand.* Komm, wir zeigen es dir, wir tanzen dorthin. *Gehen tanzend ab.* |

# 4. Szene

## Im Reich des Herbstes

*Clown Max kommt mit Regenschirm und Ziehharmonika in die Manege gesprungen und singt aus vollem Halse.*

Max: La la la – wo ist denn nur der Herrrrrrrrbst?
*Außer Atem.* Ich lauf und lauf und lauf und es ist mir heiß und kalt, aber nirgends kann ich den Herbst finden, nie regnet's oder stürmt's.
*Blickt sich verwundert um.* Aber Moment mal, ein bisschen anders sieht es hier schon aus. Da, da sind ja Regenwolken. Vielleicht ist hier der Herbst! – Und schaut mal, da sind ja sogar die Blätter an den Bäumen bunt! *Begeistert.* Sie sind überall so rot! Und jetzt fängt es sogar an zu regnen, oh wie schön! – Also, hier bin ich richtig. Hier muss doch irgendwo der Herbst sein!
*Ruft den Herbst mit Nachdruck.* Herbst, warum kommst du nicht, Herbst? Wo bist du nur? *Der Herbst kommt pfeifend mit seinen Tänzern und Tänzerinnen herein.*
*Jubelnd.* Oh, da ist er ja! *Hüpft auf den Manegenrand und beobachtet vergnügt das Treiben.*

## *Erntedanktanz und Ringjonglage*

*Der Herbst führt seine Tänzerinnen in die Manege und tanzt mit ihnen einen Erntedanktanz. Danach ruft er seine Jongleure herein, die in bunten Kostümen mit geschmückten Ringen jonglieren.*
*Der Herbst wirbelt mit großen Gesten in der Manege herum und bläst wie ein mächtiger Sturm die Blätter von den Bäumen.*

Herbst: Bäume, Bäume, ich blase eure Blätter von euren Ästen, alle Blätter fallen, fallen fallen, fallen. *Zu jedem Wort dreht er sich wirbelnd im Kreis. Er tanzt zum Vorhang und winkt seine Akrobaten herein.*

### *Bodenakrobatik und Stockfechten*

*Als bunte Blätter kostümiert zeigen die Bodenakrobaten ihr Können. Der Herbst schaut ihnen zufrieden zu. Nachdem sie die Manege verlassen haben, beginnt er wieder zu blasen und sich schwungvoll im Kreis zu drehen. Wieder tanzt er auf den Vorhang zu und ruft seinen Stockfechtern zu, hereinzukommen.*

*Die Stockfechter stürmen in die Manege. Der Herbst wirbelt anfangs dazwischen, dann zieht er sich auf den Manegenrand zurück und beobachtet seine Kämpfer. Kurz vor dem Ende stürzt er sich voller Schwung in das Treiben und begleitet sie zum Vorhang hinaus. Er geht mit den Stockfechtern ab…*

Max: *Läuft dem Herbst hinterher, erwischt ihn aber nicht mehr.*
Herbst, Herbst, hallo Herbst, *Mit Nachdruck.* Herbst ! *Enttäuscht.* Oh, nein, jetzt war ich wieder zu langsam. *Deutet in eine Richtung.* Ich sehe den Herbst da drüben – und dann renne ich dahin – und dann ist er weg.
*Deutet in die Richtung, in die der Herbst verschwunden ist.*
Schaut, hier ist er auch nicht mehr zu sehen. Gerade war er noch da, aber jetzt ist er auch schon wieder weg! *Blickt enttäuscht in die Runde.* Ich habe überhaupt keine Lust mehr. Ich renne ihm schon die ganze Zeit hinterher und immer ist er weg. *Lässt müde den Kopf hängen.* Ich gehe jetzt schlafen. Könnt ihr euch denken, was ich jetzt noch machen werde? *Wendet sich an das Publikum.* Ich singe uns ein Gute-Nacht Lied.
*Max macht es sich in der Manege bequem und fängt an ein ruhiges Lied auf seiner Ziehharmonika zu spielen und nickt langsam dabei ein.*

*Der Herbst kommt schwungvoll in die Manege. Er wirbelt um den schlafenden Max herum und weckt ihn dabei auf. Dieser springt erschreckt auf.*

Max: *Stottert.* Äh, äh, hallo?! *Aufgeregt zum Publikum.* Oh, das ist ja der Herbst! *Freut sich sehr und hüpft vor Aufregung.*

Herbst: *Beachtet Max nicht. Wendet sich stattdessen an seine Gefolgschaft hinter dem Vorhang. Ruft ihnen zu.* Und nun zeigt mir von allem das Beste, meine Feuermenschen. Feuer!

Max: *Unterbricht ihn…* Hallo Herbst!
*Versucht sich lauter bemerkbar zu machen.* Halli hallo! Guguck, hier bin ich!
*Hüpft vor ihm hoch.*

Herbst: *Ärgerlich.* Was wagst du, mich, den Herbst, zu unterbrechen? Du kleiner Wurm?

| | |
|---|---|
| Max: | *Ängstlich.* Oh je, oh je, oh je, oh je… *Wird immer kleiner.* |
| Herbst: | Ich blase dich jetzt weit weg, weit weg, – auf nimmer Wiedersehen! |

*Der Herbst fängt an zu blasen. Max beginnt zitternd auf der Ziehharmonika zu spielen. Der Herbst hält inne und lauscht begeistert der Musik.*

| | |
|---|---|
| Herbst: | Oh, was war das Schönes? *Max spielt die Melodie lauter.* Oh, wie wunderschön ist diese Musik. |
| Max: | *Erleichtert. Flüstert zum Publikum.* Es gefällt ihm, – wenn ich es nochmal spiele, vielleicht kommt er dann mit mir mit … . |

*Max spielt. Der Herbst singt und tanzt.*

*Max hört auf zu spielen.*

| | |
|---|---|
| Herbst: | Mehr, mehr, mehr Musik! |
| Max: | Gut, gut ich spiele mehr und, weißt du was, ich lade dich zu einem Fest ein. |
| Herbst: | Zu einem Fest? Mich zu einem Fest? Dann kann ich ja richtig feiern!<br>*Dreht sich begeistert im Kreis.* |
| Max: | Und da gibt es ganz viel Musik. |

| | |
|---|---|
| Herbst: | *Schwärmerisch.* Musik – oh wie schön! |
| Max: | Ja, und der Frühling, der Sommer und der Winter sind auch da. |
| Herbst: | *Erstaunt.* Der Sommer und der Winter sind auch da? Der Sommer und der Winter, sie haben den Frühling und mich beleidigt, sie haben uns einfach rausgeworfen. Aber das trifft sich ganz gut, ich werde ihnen eine kühle Brise um die Nase pusten und sie zur Vernunft bringen. Schnell, schnell, zeig mir den Weg. |
| Max: | Gut, komm. |

*Beide gehen tanzend hinaus. Der Herbst kommt zurück und winkt seine Feuermenschen herein.*

| | |
|---|---|
| Herbst: | Kommt hervor, bewacht mein Reich! |

*Die Feuermenschen betreten zu feuriger Musik die Manege und zeigen ihre Künste.*

**Fackelswinging, Feuerstockdrehen.**

# 5. Szene

## Im Reich des Winters

*Die Manege ist in blaues, kaltes Licht getaucht; der Winter schreitet langsam herein.*

| | |
|---|---|
| Winter: | *Kündigt die Kälte an.* Es wird frostig, ein kühler Wind, es wird kalt, es wird eiskalt, Schnee, Eiszapfen, – Zeit für eine Schneeballschlacht. Kommt herein!<br>*Ruft die Kinder herein.* |

*Viele warmgekleidete Kinder springen in die Manege und jonglieren mit Schneebällen.*

**Balljonglage**

*Clown Peppo und Clown Lotte kommen singend mit Pelzmantel bekleidet und einen Schlitten hinter sich herziehend in die Manege. Auf dem Schlitten liegen ein Sonnenschirm und zwei Liegestühle.*

| | |
|---|---|
| Peppo: | *Friert.* Huh, ist es hier kalt! |
| Lotte: | *Wickelt sich fester in ihren Pelzmantel.* Aber jetzt sind wir endlich da. |
| Peppo: | Wie finden wir denn den Winter? |
| Lotte: | *Überlegt.* Ich weiß es auch nicht.<br>*Schaut Peppo fragend an.* Juhu, ich habe eine Idee! |
| Peppo: | Wir spielen einfach Sommer, dann wird der Winter kommen und den Sommer vertreiben wollen! |
| Lotte: | *Nickt aufgeregt.* Stimmt, den kann den Winter ja nicht leiden. |

| | |
|---|---|
| Peppo: | Genau! Schnell zu unseren Picknicksachen, den großen Sonnenschirm aufgespannt gegen die heiße Sonne – und die Liegestühle aufgestellt. |

*Sie packen hektisch Sonnenschirm und Liegestühle aus.*

| | |
|---|---|
| Peppo: | Pack schnell den Schlitten weg. |
| Lotte: | *Hantiert umständlich mit einem Liegestuhl, fällt auf die Nase, rappelt sich wieder auf und versucht es erneut. Mit Peppos Hilfe gelingt es ihr, den Liegestuhl aufzustellen und den Schlitten darunter zu verstecken.* Das ist ganz schön anstrengend bei der Hitze hier! *Setzt sich erschöpft.* Uch, ist das heiß hier. |

*Die Clowns sitzen im Liegestuhl. Nach geraumer Zeit beginnen sie vor Kälte zu zittern.*

| | |
|---|---|
| Lotte: | Oh, ist es heiß! *Zieht den Pelzmantel enger.* Die Sonne scheint auch so unglaublich hell und warm. Ich glaube, ich zieh' mal meine Sonnenbrille auf. |
| Peppo: | Ja, bei dieser Hitze…. |
| Lotte: | *Setzt sich die Brille auf und schreit entsetzt.* Ich sehe gar nichts mehr, Hilfe! |
| Peppo: | Ist ja kein Wunder, die ist ja ganz schwarz. *Nimmt ihr die Brille ab.* Stell dir vor, wir hätten jetzt ein kaltes Eis mit heißen Himbeeren. *Reibt sich den Bauch.* Oh, wie lecker wäre das! |

*Aus den Wolken fallen kleine Schneeflocken direkt auf die beiden Clowns.*

| | |
|---|---|
| Lotte: | *Hält ihm den Arm direkt vor die Augen.* Huch, schau mal meine Arme an, die sind ja schon ganz rot. Ich glaube, ich bekomme einen Sonnenbrand. |
| Peppo: | Hier sind ja auch lauter weiße Bläschen. *Er erblickt die Schneeflocken auf seinem Arm.* |
| Lotte: | *Besorgt.* Au weia. |
| Peppo: | Kein Problem, dafür haben wir doch eine Sonnencreme dabei. *Holt eine Tube aus der Hosentasche.* |
| Lotte: | Oh, prima… |
| Peppo: | *Wundert sich.* Die Creme ist ja gefroren! *Hält sich schnell die Hand vor den Mund.* |
| Lotte: | Psst! Das darfst du doch nicht sagen! Wir wollen doch den Winter anlocken! *Laut.* Ich kann mir nicht vorstellen, wie es sein kann, dass unsere Creme bei einer derartigen Hitze gefroren sein soll! *Drückt die Creme unter großer Anstrengung aus der Tube und hält sie Peppo direkt unter die Nase.* Na also, geht doch einwandfrei! Bei dieser Hitze wäre es doch gelacht, wenn wir unsere Sonnencreme nicht benutzen könnten! Oh, die Creme riecht so gut nach Sommer. *Riecht daran.* Und jetzt eine kleine Abkühlung, das wäre schön. |

*Der Winter kommt.*

Peppo: Oh, es wird immer heißer hier, ein bisschen Schatten wäre auch nicht schlecht.

*Sie zittern in den Liegestühlen. Der Winter betritt die Szene.*

Lotte: *Zu dem Publikum gewandt:* Ist das der Winter? Hallo?!

Winter: Ah, hier riecht es so nach Sommer.

Peppo: Ja, hier ist es ja auch so heiß, dass wir schon fleißig Sonnencreme benützen.

Winter: *Ungläubig.* Und ihr beiden, ihr schwitzt im Winter?

Lotte: Ja, es herrscht eine unglaubliche Hitze hier.

Winter: *Entschlossen.* Ich glaube, euch beiden kann nur noch mit einem Schneesturm geholfen werden!

Peppo: *Erheben sich schnell und schütteln den Kopf.* Oh nein, nein, wir sind wegen etwas ganz anderem hierher gekommen!

Winter: *Verwundert.* Wegen etwas anderem? Oh, lasst mich raten, ihr seid gekommen, weil ihr Eiszapfen sehen wollt! Richtig?

*Der Winter kommt den Clowns immer näher und es wird immer kälter.*

Peppo: *Schütteln wiederum die Köpfe und zittern noch mehr.*
Nein, nein, wir wollen dich ein- *Vor Kälte stockt ihnen der Atem.*

Winter: *Verärgert.* So, so – ein-„seifen" wollt ihr mich?

Lotte: Nein, das stimmt nicht, nein, das wollen wir überhaupt nicht!

Winter: Nein? Lauter nein? Was wollt ihr denn dann von mir?
*Er kommt den Clowns immer näher und bei jedem Atemhauch werden die Clowns steifer.* Bitte, redet doch, ich höre nichts. Was?
*Beugt sich zu ihnen herunter.* Na gut, na gut.
*Versöhnlicher.* Ich gebe euch Zeit, zum überlegen, ob ihr Eiszapfen oder eine Schneeballschlacht wollt. Ich gehe solange in meinen Wintergarten. Lasst euch nur Zeit. Ich gehe.
*Geht ab.*

*Die Clowns sind ganz steif gefroren und versuchen sich langsam zu bewegen.*

Peppo: Der hat uns ja eingefroren. Oh, das ist aber unhöflich. Bist du schon am Auftauen?

Lotte: Auftauen? Ich bin eingefroren wie hundert Eiswürfel nebeneinander!

Peppo: Komm, wir versuchen unsere Mäntel wieder anzuziehen.
*Reicht ihm den Pelzmantel.*

Lotte: Oh ja. Tolle Idee! *Sehr mutig.* So und jetzt gehen wir zu diesem Herrn Winter und sagen ihm das, was wir ihm eigentlich sagen wollten! Und dann rupfen wir noch ein Hühnchen mit ihm, weil er uns wie Eiswürfel tiefgefroren hat! Los, komm! *Nehmen sich gegenseitig bei der Hand.*

*Der Winter kommt mit vier Balanceartisten herein. Die Clowns bleiben erschreckt stehen, schauen dann aber fasziniert den verschiedenen Darbietungen zu, die zu Ehren des Winters in der Manege gezeigt werden.*

### *Artistik, Schneeflockentanz, Pyramiden und Trapez*

*Der Winter deutet durch Handzeichen weiteren Artisten an, hereinzukommen.*

*Die Schneeflocken kommen herein und tanzen einen Schneeflockentanz. Es folgen Eiskristalle, die Pyramiden bauen und Eisvögel, die hoch oben am Trapez ihre Künste zeigen.... Der Winter kommt zurück.*

Winter: *Sehr stolz.* Sind sie nicht schön, meine Eisvögel, meine Eiskristalle und meine Eis-... *Entdeckt die beiden Clowns. Die Clowns schimpfen.*

| | |
|---|---|
| Peppo: | *An das Publikum gewandt.* Oh, wenn ich den Winter noch einmal sehe! Dem werde ich etwas erzählen! |
| Winter: | *Begrüßt sie freundlich.* Haha, habt ihr es euch überlegt, ob ihr Eis oder Schneeballschlacht oder Schneestürme wollt? |
| Lotte: | *Empört.* Wir sind nicht zu Späßen aufgelegt! Uns reicht es nämlich; du, Herr Winter, wirst dich jetzt mal schön da hinten in die Ecke stellen! |
| Winter: | *Belustigt:* In die Ecke? Gut, ja, und jetzt? |
| Peppo: | Wir wissen nämlich schon lange, was wir wollen. |
| Winter: | *Lächelt.* So? |
| Lotte: | *Trotzig.* Wir wollen dich nämlich zu unserem Jahreszeitenfest einladen. |
| Winter: | *Wundert sich.* Einladen? Mich? Na schön. |
| Peppo: | Aber zuerst muss eine wichtige Sache geklärt werden! |
| Winter: | Na schön, macht schnell. |
| Lotte: | Wir wollen wissen, warum du immer so kalt bist. Deine Kälte zerstört nämlich alles. Wir haben einen Baum gesehen, der schon ganz krank ist – sozusagen „eingefroren", wie wir vorhin…. Und übrigens, die Kinder wollen auch nicht das ganze Jahr über Winter haben. So, jetzt erzähl', warum bist du immer so kalt? |
| Winter: | Ich bin der Winter! Ich bin der Mächtigste von allen Jahreszeiten und ich herrsche so lange, wie ich will! Die Anderen sind ja nur eifersüchtig! |
| Peppo: | *Wendet sich an die Kinder im Publikum.* Wollt ihr etwa so lange Winter haben? Und so lange frieren und bibbern? |
| Kinder: | Nein! |
| Winter: | *Unterbricht die Kinder.* Ruhe! Ruhe! Für euch habe ich mich ein halbes Jahr abgemüht, habe euch wunderschönen Pulverschnee gezaubert und ihr, und ihr, wollt keinen Winter mehr haben! *Traurig.* Och, ich bin enttäuscht! *Sehr trotzig.* Ich mache nie wieder Winter für euch! Nie wieder. Das habt ihr davon!<br>*Wendet sich enttäuscht ab.* |
| Lotte: | *Besorgt.* So war das auch wieder nicht gemeint. Ein Vierteljahr darfst du doch Winter machen, – wir geben dir ein g a n z e s Vierteljahr! Das ist ganz schön lange. |
| Winter: | *Überlegt zögernd.* Ein g a n z e s Vierteljahr für mich alleine? Mit Eiszapfen und Schneeballschlachten und allem, was so dazugehört? *Wendet sich an die Kinder im Publikum.* Ja, wollt ihr denn überhaupt noch Winter haben? |

| Kinder: | *Begeistert.* Ja! |
|---|---|
| Winter: | *Willigt ein.* Na schön, na schön, ein Vierteljahr, weil ihr es so wollt. Kann ich denn jetzt schon anfangen? |
| Lotte: | Aber nur, wenn du mindestens zwei Meter Abstand hältst. Mindestens. |
| Winter: | Ich werde mich bemühen. Moment, ich muss noch die Hexen holen, – |
| Peppo: | *Ängstlich.* Hexen? Oh, oh, ich glaube, wir gehen lieber schon mal voraus… *Gehen ab.* |
| Winter: | Damit sie das Eis aufbrechen! *Ruft die Hexen herein.* Kommt, ihr Hexen und brecht das Eis. |

*Eine Horde Fasnachtshexen mit Holzmasken vor den Gesichtern stürmt in die Manege. Sie necken das Publikum und die Clowns mit ihren Reisigbesen, bilden dann eine große Formation und tanzen einen Hexentanz. Der Winter beobachtet das Treiben, eilt dann aber den beiden Clowns hinterher.*

**Fasnachts-Hexentanz**

# 6. Szene

## Im Reich des Sommers

*Die Manege ist von rotem, warmen Licht erleuchtet. Der Sommer kommt hereingetanzt und singt aus voller Kehle „O sole mio".*

| Sommer: | Hmmm, ist es hier schön warm, das ist doch wunderbar. So ein warmer Sommer! *An das Publikum gewandt:* Kommt, wir setzen uns und betrachten ein lustiges Sommertänzchen. Hereinspaziert! |
|---|---|

**Sommertanz**

*Tänzer und Tänzerinnen in bunten Kostümen tanzen einen Sommertanz. Der Sommer sitzt in einem Liegestuhl und erfreut sich an den Darbietungen. Nach dem Tanz nehmen ihn zwei Tänzerinnen bei der Hand und gehen mit ihm zusammen ab.*

*Die zwei Clowns Bertram und Rambert kommen stöhnend mit Sonnenschirm und Sonnenliege herein.*

| Bertram: | Oh, ist das schwer! |
|---|---|
| Rambert: | Was ist? Schau mal, da sind ja so viele Strandgäste. Hier machen wir Urlaub. |
| Bertram: | Prima, wo ist denn der Sommer? |
| Rambert: | Der kann ein bisschen warten. |
| Bertram: | Aber der Baum… |

| | |
|---|---|
| Rambert: | Wir sind doch hier im Urlaub. Ich suche uns einen Platz, wo wir es uns gemütlich machen können. Bringst du bitte mal den Sonnenschirm her? |
| Bertram: | *Stöhnt.* Der ist so schrecklich schwer. |
| Rambert: | *Packt umständlich die Liege aus.* So, das haben wir gleich. Das wird bequem. *Er setzt sich hinein. Daraufhin klappen Kopf- und Fußteil der Liege nach oben, so dass er in einem „Häuschen" liegt.* Ich bin noch nie so bequem gelegen. |
| Bertram: | *Schleppt mühsam den Sonnenschirmständer heran.* Stimmt's so? |
| Rambert: | Ja, ist ok. *Bertram stellt den Sonnenschirmständer auf den Fuß von Rambert.* AUUU! Du Pappnase! Pass doch auf! |
| Bertram: | *Hebt grinsend den in Wirklichkeit federleichten Sonnenschirmständer hoch und wirft ihn hinter sich.* Na gut. |
| Rambert: | *Versucht die Liege wieder aufzustellen. Sie klappt auseinander. Er setzt sich hinein.* Ich werde mal ein Päuschen machen und diesen Apfel essen. |
| Bertram: | *Nimmt ihm den Apfel aus der Hand und schüttelt entsetzt den Kopf.* Jetzt hätte der beinahe meinen Apfel aufgegessen! |

*Sie kaspern eine Weile herum und streiten sich um die Liege. Sie kämpfen einen kleinen Kampf mit dem Sonnenschirm. Schließlich sitzen sie beide auf der Liege und essen den Apfel zusammen.*

| | |
|---|---|
| Rambert: | Ich wusste gar nicht, dass Urlaub so stressig ist. |
| Bertram: | *Deutet auf einen „Strandgast" im Zuschauerraum.* Schau mal, der da drüben mit der Badehose. |
| Rambert: | Bertram! Man zeigt doch nicht auf andere Leute! |
| Bertram: | *Enttäuscht.* Ist das langweilig hier. |
| Rambert: | Spielen wir Federball? |
| Bertram: | Oh, Federball spielen, das ist eine gute Idee! Raus aus dem Strandkorb! |
| Rambert: | *Singt:* Wir spielen Federball. |
| Bertram: | Punkt eins: Einspielen. |
| Rambert: | Da wird es einem ja ganz warm! |

*Sie spielen Federball, erst mit einem, dann mit zwei Federbällen.*

| | |
|---|---|
| Bertram: | Jetzt macht es richtig Spaß, nehmen wir noch einen dazu. |

*Sie spielen mit drei Federbällen.*

| | |
|---|---|
| Rambert: | Jetzt wird's erst richtig warm. |
| Bertram: | Und jetzt gibt es richtig viele Matchbälle! |

| | |
|---|---|
| Rambert: | Bereit? |
| Bertram: | Ich bin bereit, one, two, *Er schießt einen Ball.* – weg ist er! |
| Rambert: | Nochmal, den hat man sowieso nicht gesehen. Bereit, ja? |

*Er schießt noch einmal, wirft ihm dieses Mal Ball und Schläger zu.*

| | |
|---|---|
| Bertram: | 2 zu 0. *Bertram beginnt mit drei Federballschlägern zu jonglieren.* |
| Rambert: | Was der kann, kann ich auch! *Er jongliert ebenfalls mit drei Schlägern.* |
| Bertram: | Eigentlich wollten wir ja Federball spielen. Also Ball her! Bereit, ja? |

*Während jeder Clown mit drei Federballschlägern jongliert, spielen sie dazu noch mit einem Federball hin und her. Der Sommer kommt herein und ruft entzückt:*

| | |
|---|---|
| Sommer: | Wunderbar, wunderbar. Die Jugend beim Sommersport! |
| Bertram: | *Streicht sich den Schweiß von der Stirn.* Ist das auf einmal heiß geworden. |
| Rambert: | Ja, so ganz plötzlich. |
| Bertram: | Komisch. Machen wir eine Pause, es ist viel zu heiß. |
| Rambert: | Genau, eine Pause. Eine Mittagspause wäre gut. |
| Sommer: | *Erstaunt.* Wie? Was? Mittagspause? Ich habe mich eben erst hingesetzt und ihr wollt eine Mittagspause machen? |
| Bertram: | Ja, es ist viel zu heiß. |
| Sommer: | *Zum Publikum.* Habt ihr das gehört? Die Wichte kommen her zu mir, dem Sommer. *Zu den Clowns:* Ich jage extra für euch den kühlen Herbst weg und ihr kommt her und sagt zu mir, es wäre viel zu heiß. Unglaublich. Zeigt mir sofort eure Kunststücke… |
| Rambert: | *Flüstert Bertram ins Ohr.* Ist das der Sommer? Ich werde ihn fragen. |
| Bertram: | Also, frag doch endlich. |
| Sommer: | Na, seid ihr soweit? |
| Bertram: | *Zögert.* Eine Frage noch… |
| Sommer: | Aber zügig! |
| Rambert: | Also, wir wollten fragen, ob… *Sie treten näher an den Sommer heran, wagen aber nicht weiter zu sprechen, weil es immer heißer wird, je näher sie treten.* Puh! Ist das warm! |
| Sommer: | Nur zu, nur zu. *Winkt sie heran.* |

*Sie versuchen sich dem Sommer zu nähern und ihm ihre Frage zu stellen. Je näher sie ihm kommen, desto heißer wird es und sie weichen zurück.*

| | |
|---|---|
| Bertram: | *Vorsichtig.* Bist du etwa der Sommer? |
| Sommer: | Sommer, Sommer, welch wunderbare Melodie in meinen Ohren. Sommer, das ist wunderschön. Oh ja, ich bin der So-o-o-ommer. *Beginnt „O sole mio" zu singen.* |
| Rambert: | Ja, das ist schön … |
| Sommer: | Gut, schön, dass es euch gefällt. Ich könnte auch noch ein wenig mehr machen. |
| Bertram: | Nein, nein das braucht es nicht, wir wollten nur eine Frage stellen. |
| Sommer: | Ihr langweilt mich langsam mit eurem Fragespiel! |
| Bertram: | Nein, es geht ganz schnell. |
| Sommer: | Also, jetzt eilt euch. |
| Rambert: | Wir wollen wissen, warum du den Herbst fortgejagt hast. |
| Sommer: | So, habt ihr das gehört? Ihr seid hier in meinem wunderschönen Sommer und ihr kleinen Wichte wagt es von diesem fürchterlichen Herbst zu reden? – Oh dieses Thema ist nicht gut für meine Stimmbänder! *Räuspert sich.* Wechseln wir doch das Thema; es ist doch So-o-ommer. *Beginnt wieder zu singen.* |

*Die Clowns liegen ermattet von der Hitze am Boden.*

| | |
|---|---|
| Sommer: | Und jetzt zeigt mir euren Firlefanz! |
| Bertram: | Das ist kein Firlefanz. |
| Sommer: | *Geht drohend mit all seiner Hitze auf die Clowns zu:* Dann zeigt ihn mir. |
| Rambert: | *Niedergeschlagen:* Es ist Firlefanz. |
| Bertram: | Wir spielen Federball. |
| Sommer: | Federball, das sieht man den ganzen Sommer. Lasst euch etwas einfallen. Ich bin schon ganz gespannt. Ist es euch auch warm genug? |

*Jeder der Clowns nimmt ein Tamburin und sie spielen darauf mit einem Federball hin und her.*

| | |
|---|---|
| Sommer: | Oh hört, das klingt wie Musik in meinen Ohren. Ich werde ein bisschen dazu singen und jubilieren, la la lalala. *Beginnt zu singen.*<br>Meine Freunde, ihr seid wunderbar. Kommt, räumt schnell euren Plunder fort. Und zur Belohnung setzt ihr euch und betrachtet das Leben am Strand. Seid ihr bereit? |

*Sie nehmen neben dem Sommer Platz und beobachten die Jongleure, die der Sommer herbeiholt.*

### Keulenswinging und Keulenjonglage

| | |
|---|---|
| Sommer: | *An die Clowns gewandt.* Nun, meine jungen Freunde, wie hat es euch gefallen? |
| Bertram: | Gut, es war gut. |

Sommer: Nicht dass ihr denkt, das wäre alles gewesen. Wenn ich solche Gäste habe wie euch, dann pflege ich ihnen etwas aus meinem sportlichen Repertoire zum Besten zu geben. *Winkt seine Trampolinspringer herbei. Ruft ihnen zu:* Seid ihr bereit? Wie schön. Hereinspaziert und aufgebaut. *Ungeduldiger.* Seid ihr bald bereit? Ich bin schon lange bereit, ich warte. Nun, liebes Publikum, äußerste Konzentration!

*Die Helfer haben das Trampolin aufgebaut und bitten den Sommer zum Sprung.*

*Der Sommer zeigt als erstes einen plumpen, unbeholfenen Sprung.*

Sommer: *Wendet sich an die Zuschauer und seine Gehilfen.* Na, hat es euch gefallen? Dann könnt ihr ja noch eine Zugabe machen.

### Trampolinspringen

*Die Gehilfen des Sommers präsentieren eine Trampolindarbietung.*

Sommer: *An die Clowns gewandt.* Na, wie hat euch meine kleine sportliche Einlage gefallen? Ich habe lange trainiert.

Bertram: Sehr gut.

Rambert: *Applaudiert nochmals.* Hervorragend, sehr gut.

Sommer: *Verbeugt sich.* Danke, danke. Aber auch das, meine Lieben, war noch lange nicht alles, was ich euch zeigen kann, denn ich habe extra für euch und für euch alle

|  |  |
|---|---|
|  | *Wendet sich an das Publikum.* – etwas ganz, ganz, ganz, ganz Besonderes vorbereitet. Ich liebe nicht nur den Sport, sondern auch die Musik. Ich werde euch allen meine selbst kompostierte Sommerarie zum Besten geben. |
| Bertram: | Oh ja, da sind wir gespannt. |
| Sommer: | Das denke ich mir! Ich bitte um Ruhe. |

*Der Sommer fängt an zu singen. La, la, la, lalalala . . . . Er singt aus vollem Halse in Opernmanier eine spontan komponierte Arie, die in einem hohen Triller endet. Die Clowns halten sich die Ohren zu.*

|  |  |
|---|---|
| Sommer: | *Verbeugt sich.* Danke schön. |
| Rambert: | Das war natürlich toll, aber wir haben etwas Besseres. Jawohl! |
| Sommer: | Etwas Besseres, habt ihr das gehört? Ich singe meine Arie und die beiden sagen, sie hätten etwas Besseres. Das habe ich noch nie erlebt. |

*Der Sommer geht entrüstet hinaus.*

|  |  |
|---|---|
| Bertram: | *Hält ihn zurück.* Moment, es war schon gut. |
| Sommer: | Danke, dachte ich mir's doch. |
| Rambert: | Aber wir würden gerne mitsingen. |
| Sommer: | Ihr mit euren Piepsstimmchen? Mit mir mitsingen? |
| Bertram: | Ja, mit allen Strandgästen zusammen. |
| Sommer: | Oh ja, mit allen Gästen. Oh, das ist eine wunderbare Idee. Lasst uns singen. La, la, la, la! |
| Bertram: | Moment, ich erkläre erst einmal. |
| Sommer: | Aber eile dich, ich bin so gespannt wie ein Flitzebogen. |
| Rambert: | *Zum Publikum:* Gut zuhören! Wenn wir so machen, *Er hält die Hände dicht nebeneinander.* müsst ihr ganz leise singen. Wenn wir so machen, *Er vergrößert den Abstand zwischen den Händen.* dann dürft ihr lauter singen und wenn wir so machen, *Er klatscht in die Hände.* müsst ihr sofort aufhören.<br>*Er zeigt nochmals die entsprechenden Armbewegungen.* |
| Sommer: | *Ungeduldig.* Seid ihr endlich fertig? |
| Sommer: | *An den Dirigenten gewandt.* Kapellmeister! Wunderbar, achtet auf mein Zeichen. |
| Rambert: | *Übt mit dem Publikum das Laut- und Leisesingen:* Gar nicht schlecht. |
| Bertram: | Prima, wunderbar. Und nun freie Improvisation. |
| Sommer: | Oh, welch eine wunderbare Idee, freie Improvisation. Ich beginne, Herr Kapellmeister. |

*Das Publikum singt: la, la, la, auf die Melodie von „O sole mio".*

Sommer: Wundervoll, welch schöne Melodie!

*Rambert und Bertram verändern das Lied langsam in „Bunt sind schon die Wälder"... Das Publikum singt leise weiter.*

Sommer: *Sehr gerührt.* Was für eine wundervolle Herbstmelodie. Ach ja, ja, ja, der Herbst. Ja, ich habe ihn weggejagt. Nur, weil ich immer Sommer machen wollte.

Bertram: Der Winter war auch ein bisschen schuld, oder?

Sommer: Aber ich wollte immer nur Sommer machen. Der Winter ist fort und der Herbst ist fort und jetzt ist es so heiß. Und der Herbst, der ist traurig und ich werde ihn nie wiedersehen. *Schluchzt ein wenig.*

Rambert: Moment, Moment, du kannst ihn schon wieder sehen auf unserem „Jahreszeitenfest".

Sommer: Den Herbst wiedersehen, auf einem Fest?

Bertram: Wir haben euch alle eingeladen.

Sommer: Wunderbar, ich werde den Herbst wiedersehen, wie schön, aber meint ihr nicht, dass er noch böse mit mir ist?

Rambert: Du musst dich eben bei ihm entschuldigen.

Sommer: *Voller Reue.* Entschuldigung, lieber Herbst. Entschuldigung, entschuldige, lieber Herbst. Es tut mir leid. Wo ist dieses Fest?

Bertram: Komm mit, wir zeigen es dir.

Sommer: Gut und dann singen wir noch einmal zusammen.

*Sie verlassen zusammen eilig die Manege.*

# 7. Szene

## Das Jahreszeitenfest

*Es ist dunkel, der Baum steht in der Manege. Der Sommer kommt singend mit den Clowns herein.*

Bertram: Wir sind angekommen. Ja, jetzt schaut mal, wie der arme Baum aussieht.
*Sie zeigen ihm den Baum.*

Sommer: Oh, ich sehe schon, er sieht ganz krank aus. Ja, ich weiß, es war falsch, es war zu lange heiß, ich weiß, ich muss hoffen, dass der Winter bald kommt, dann könnten wir uns eine Entschuldigung ausdenken...

| | |
|---|---|
| Rambert: | Der kommt sofort. |
| Sommer: | *Sehr eifrig.* Und dann könnten wir uns auch beim Frühling und beim Herbst entschuldigen und dann könnten wir vielleicht wieder ein Jahr zusammen machen… *Grübelt vor sich hin. Der Winter kommt herein.* |
| Winter: | *Freudig:* Der Sommer! Wie schön, ihn zu sehen! *Weicht vor der Hitze zurück.* |
| Sommer: | Der Winter, guten Tag! Schön, dass du endlich gekommen bist. Schau dir doch einmal den Baum an. *Zeigt ihm den Baum.* |
| Winter: | Ja, ich weiß, er sieht nicht ganz gesund aus. |
| Sommer: | *Wendet sich an die Clowns.* Nicht ganz gesund, habt ihr das gehört? Er ist ganz krank. |
| Winter: | Na ja, so ein bisschen verschmort an der Seite. |
| Sommer: | Ja, ja, verschmort, ich weiß, es war zu lange warm. Aber er ist auch erfroren und außerdem fehlen ihm die Knospen. |
| Winter: | Ja, ich weiß, wir müssten irgend etwas machen, und zwar jetzt. |
| Sommer: | Ja, wir müssten uns beim Frühling und beim Herbst entschuldigen. |
| Winter: | Entschuldigen? Wir beide? |
| Sommer: | Ja sicher, wir beide. |
| Winter: | *Zweifelt noch ein wenig.* |
| Sommer: | Natürlich, dann könnten wir wieder das Jahr zusammen machen. |
| Winter: | Aber stell dir mal vor, sie kommen nicht. |
| Sommer: | *Wehrt ab.* Nein, nein, sie müssen kommen! Der Baum stirbt doch sonst. Hoffentlich kommt der Frühling. *Geht nervös auf und ab.* |

*Der Herbst und der Frühling kommen herein.*

| | |
|---|---|
| Sommer: | *Erleichtert.* Endlich. |
| Winter: | *Zum Sommer.* Sag doch was! |
| Sommer: | *Zögerlich.* Schön, dass ihr gekommen seid. |
| Winter: | Wir haben schon auf euch gewartet. |
| Frühling: | *Ärgerlich.* Schön, dass wir gekommen sind – ihr habt schon auf uns gewartet – ihr beide, ihr habt uns einfach rausgeschmissen! |
| Sommer: | *Versöhnlich.* Es tut uns leid. Das war doch nicht so gemeint. |
| Herbst: | *Fragend.* Nicht so gemeint? |
| Sommer: | *Zum Herbst:* Du darfst doch jetzt wieder Stürme machen. |

| | |
|---|---|
| Winter: | *Zum Frühling:* Und du kannst deine Knospen und Blüten machen. |
| Frühling: | Ja, Knospen und Blüten, das mache ich, und du *Zum Herbst:* musst die Früchte reifen lassen, die Blätter wegblasen und Regen machen. Wir müssen uns alle wieder vertragen, sonst wird der Baum nicht gesund. *Zum Herbst:* Dann darfst du jetzt wieder ein Vierteljahr brausen und stürmen und Blätter von den Bäumen fegen und Pfützen machen und regnen. |
| Herbst: | *Euphorisch.* Brausen und stürmen und Pfützen machen, Blätter von den Blumen blasen, ein Vierteljahr Regen machen, Herbstzeit, Herbst. |
| Winter: | *Zum Frühling:* Und du kannst jetzt deine Knospen machen. |
| Frühling: | Meine Knospen und meine Blüten, schaut, der Frühling, der Frühling hat schon angefangen. |

*Alle Clowns betreten die Manege und beobachten freudig die Versöhnung der Jahreszeiten.*

| | |
|---|---|
| Sommer: | Kommt, wir machen ein neues Jahr zusammen. |

*Die Clowns jubeln. Der Frühling tritt in den Vordergrund; das Licht wird hellgelb, die Frühlingsmusik ertönt. Er zaubert dem Baum frisches Grün und kleine Knospen an die Blätter. Die Beleuchtung verändert sich und der Sommer lässt den Baum in goldgelbem Licht erscheinen und aus den Knospen werden kleine Äpfel. Der Herbst wirbelt um den Baum, die Blätter werden bunt und die Früchte reif. Als letztes kommt der Winter, bläst das Laub von den Ästen und lässt den Baum in Kälte und Eis zur Ruhe kommen. Die jeweilige charakteristische Musik begleitet die einzelnen Jahreszeiten bei ihrem Tanz.*

| | |
|---|---|
| Anton und Luise: | Schau mal, wie zufrieden der Baum wieder aussieht! Oh, wie schön! *Sie fassen sich an den Händen und rufen:* Das müssen wir feiern! |
| Sommer: | Moment, was ist das für ein Fest? Wo ist der Tanz? Wo ist das Essen? Und wo sind die Gäste? |
| Anton: | Die Gäste, die sind schon bereit. |

*Alle Artisten kommen herein.*

| | |
|---|---|
| Sommer: | Ja, ja! So können wir feiern! Jetzt kann das Fest beginnen. |

**Finale**

*Die Jahreszeiten, die Clowns und jeweils zwei Vertreter aus jeder Tanz- und Artistiknummer formieren sich zu einem großen Finale. Danach folgt der Auszug mit allen zusammen.*

# Der Circus Calibastra – ein Kurzporträt

Der CIRCUS CALIBASTRA wurde 1985 im Schullandheim einer siebten Klasse der Michael Bauer-Waldorfschule „geboren". Ausgangspunkt war eine pädagogische Not: Der Lehrer hatte die Klasse neu übernommen und erlebte die SchülerInnen als sehr verträumt und unselbstständig. Er suchte nach Mittel und Wegen, um waches Reagieren und selbstständiges Arbeiten zu fördern. Die pädagogische Idee bestand darin, in einem Schullandheim Zirkusdisziplinen zu trainieren und eine Aufführung zu gestalten. Die erste Zirkusaufführung war in dieser Beziehung ein durchschlagender Erfolg, denn die Schüler waren $2\frac{1}{2}$ Stunden in Aktion und organisierten in der Manege und hinter dem Vorhang fast alles alleine.

Die Eltern und Lehrer waren überrascht, was die Siebtklässler artistisch, spielerisch und vor allem auch organisatorisch alles leisten konnten. Die SchülerInnen selbst waren begeistert. Sie hatten einen Freiraum entdeckt, in dem sie viele Impulse ausleben konnten, die sonst verborgen geblieben wären.

Bald darauf öffnete sich der Klassenzirkus für andere SchülerInnen. Es wurde eine Arbeitsgemeinschaft der Schule. Der „Vertrag" mit dem Kollegium sah vor, dass zwei Lehrer einige Stunden ihres Deputats für den Zirkus angerechnet bekamen – weil es als pädagogisch sehr sinnvoll angesehen wurde – dass aber alle übrigen Aktivitäten vom Zirkus selbst finanziert werden sollten.

Dadurch war ein Rahmen geschaffen, der einen Freiraum für Entwicklungen bot. Jahr für Jahr kamen seitdem ca. 35 SchülerInnen der neuen sechsten Klassen dazu. In der neunten, zehnten und elften Klasse merken manche SchülerInnen, dass ihre Interessen jetzt auf anderen Gebieten liegen. Diejenigen, die in diesem Alter dem Zirkus treu bleiben, haben meistens einige Disziplinen entdeckt, in denen sie z.T. zu erstaunlichen artistischen Leistungen gelangen. Heute hat der Zikus ca. 140 aktive ArtistInnen. Einige von ihnen studieren bereits oder sind berufstätig. Trotzdem trainieren sie regelmäßig mit und sind vor allem für die Aufführungen und als Trainer eine wichtige Stütze.

Weil die Einnahmen und Ausgaben durch große Aufführungen mit vielen Zuschauern und durch die Verpflichtung einiger Profi-Artisten als Lehrer recht hoch waren, wurde die Schulzirkus-AG in einen gemeinnützigen Verein umgewandelt. In diesem Verein tragen heute einige der Gründungs- Schüler zusammen mit Eltern und Lehrern der Schule im Vorstand die organisatorische Arbeit mit.

Durch die große Anzahl der teilnehmenden SchülerInnen ist ein sehr strukturierter Stundenplan an den Probennachmittagen nötig. Ältere Schüler (sogenannte Schüler-Lehrer) unterrichten z.T. paarweise kleinere Gruppen in Jonglieren, Akrobatik, Diabolo, Einrad, etc. Einige Lehrer (Sportlehrer, Profiartisten) tragen den gesamten Unterricht. Sie kümmern sich auch um die Betreuung und Unterstützung der Schüler-Lehrer.

Jedes Jahr finden in der Woche vor den Sommerferien die „großen Aufführungen" des CIRCUS CALIBASTRA statt. Zu diesem Zweck wird ein Zirkuszelt für 1300 Zuschauer gemietet, in dem sich für zwei Wochen die Kinder, Jugendlichen, Trainer, Lehrer und Eltern in eine große Zirkusfamilie verwandeln. Ca. 7000 Zuschauer sehen sich jedes Jahr die Programme des CIRCUS CALIBASTRA an.

Ein eigenes Orchester begleitet das Programm. Eltern, Lehrer der Schule und ältere SchülerInnen studieren unter der Anleitung eines Profi-Musikers passende Musikstücke ein. Mütter organisieren das Entwerfen und Nähen von ca. 300 Kostümen für jedes neue Programm. Der Zirkus verfügt inzwischen über einen großen Bestand an verschiedenartigen Kostümen.

Die vier Haupt-Vorstellungen sind sehr gut besucht und meistens sogar ausverkauft. Am Samstagabend findet zusätzlich eine Night-Show statt, in dem die älteren Zirkusmitglieder und die Lehrer ein varietéartiges Programm vorführen. Am Sonntagvormittag sind Kindergartenkinder und Schulanfänger zu „Paulinchen hat Geburtstag" eingeladen.

Die jährlich wechselnden Programme des CIRCUS CALIBASTRA sind meistens Zirkus-Theaterstücke, die sich aus Improvisationsübungen und aus den kreativen Anstrengungen der Clownsgruppe entwickeln. Märchenhafte Geschichten oder Motive aus der Mythologie (z.B. Die Irrfahrten des Odysseus) bilden den Hintergrund für stimmungsvolle Szenen, bei denen auch die Beleuchtung, die musikalische Umrahmung und die passenden Kostüme sehr wichtig sind.

Der CIRCUS CALIBASTRA hat im Laufe der letzten Jahre auch mit verschiedenen Künstlern und Artisten zusammengearbeitet, z.B.

- mit dem Traumtheater Salome
- mit den Stuttgarter Philharmonikern in der Freiluftinszenierung der Carmina Burana
- mit André Hellers Chinesischem Nationalzirkus
- mit dem Stuttgarter Varieté Friedrichsbau
- Mit Wieland Backes und dem SDR bei der Eröffnungsveranstaltung zur IGA in Stuttgart

Einzelne Gruppen traten bei der UNESCO in Genf, in Polen, Rußland, Frankreich, Norwegen und Italien auf. Die Schüler konnten bei diesen Auftritten wahrnehmen, wie professionelle Artisten arbeiten und welche Präzision nötig ist, um „gut" zu sein. Die Zusammenarbeit mit den Profis verlangte ein genaues Timing bei den Auftritten sowie Konzentration und Exaktheit bei den artistischen und spielerischen Aktionen. Das hat wesentlich dazu beigetragen, dass das artistische und spielerische Können einiger älterer Zirkusmitglieder ein hohes Niveau erreicht hat. Für die Nachrückenden hatte das wiederum eine Vorbildfunktion. Sie sehen, was „die Großen" alles können und machen es nach.

Einige der älteren Artisten und Clowns des CIRCUS CALIBASTRA erarbeiteten 1997 die Zirkus-Operette „Die Prinzessin von Trapezunt" von Jacques Offenbach. Sie haben auch eine eigene Artistengruppe „Circomique" gegründet, die 1998 im Stuttgarter Varieté Friedrichsbau das selbstentwickelte Zirkus-Theaterstück „Clowns im Zauberreich" aufführte und auch sonst bei verschiedenen Veranstaltungen auftritt.

Die weitere Entwicklung des CIRCUS CALIBASTRA ist eine spannende Angelegenheit um die sich die verantwortlichen Lehrer, Trainer, Eltern und Schüler im Zirkus-Vorstand bemühen. Nach wie vor ist eine positive Entwicklungsdynamik spürbar.

Auf der Homepage www.calibastra.de finden Interessierte aktuelle Informationen über den CIRCUS CALIBASTRA, einige der nachfolgenden Artikel zum Herunterladen und eine Gästeliste zum gegenseitigen Austausch.

Veröffentlichungen aus der Arbeit des CIRCUS CALIBASTRA:

BALLREICH, R. (Hrsg.): CIRCUS CALIBASTRA. Ein Zirkusspielbuch. Stuttgart 1990.

BALLREICH, R.: Circus in der Waldorfschule. In: Erziehungskunst, Heft 9/1990.

BALLREICH, R./GRABOWIECKI, U. (Hrsg.): Zirkus-Spielen. Ein Handbuch für Artistik, Akrobatik, Jonglieren, Äquilibristik, Improvisieren und Clownspielen. Stuttgart 1992/1999.

BALLREICH, R.: Auf dem Seil über dem Abgrund. Zirkuspädagogik als Abenteuer-Erlebnis. In: Zeitschrift für Erlebnispädagogik, 17. Jahrgang, Heft 5/6 und 7/8, Lüneburg 1997.

BALLREICH, R.: Soziales Lernen in Zirkusprojekten. In: Schnapp, S./Zacharias, W. (Hrsg): Zirkuslust. Zirkus macht stark und ist mehr… Zur kulturpädagogischen Aktualität einer Zirkuspädagogik, Unna 2000.

| Adresse: | CIRCUS CALIBASTRA | Telefon: 0711/71 99 113 |
|---|---|---|
| | Othellostr 5 | Fax: 0711/71 99 112 |
| | 70563 Stuttgart | E-mail: info@calibastra.de |
| | | Homepage: http://www.calibastra.de |

# Notenmaterial

## Hallo Kinder

FRIEDBALD RAUSCHER

♩ = ca. 108

Hal- lo Kin- der, hal- lo Kin der! Fri- scher Wind kommt, tral- la -la. Wer da trau- rig war, der la- che! Al- le ru- fen fröh- lich: Ja! Hal- lo Kin- der, hal- lo Kin- der! Kommt ge- schwin- de, tral- la- la! Wer ge- schla- fen hat, er- wa- che, denn der Cir- cus ist jetzt da!

*sempre staccato*

# Kookaburra-ChaChaCha

FRIEDBALD RAUSCHER

♩ = ca. 132

**Sopran- und Altstimmen**

Cha Cha Cha Cha! in Neu-see-land und in

**Tenor- und Bassstimmen**

Al- le Vög- lein tan- zen Cha Cha Cha,

**Klavier**

Af- ri- ka. Koo- ka- bur- ra von Aus- tra- li- a schmet- tert froh sein kek- kes

Cha Cha Cha Cha! Cha Cha Cha Cha!

Cha Cha Cha Cha! Koo- ka- bur- ra, Pa- pa- gei und Cu- ca- ra- cha, auch der

Ha, ha, ha. Koo- ka- bur- ra ha, ha, ha, ha, ha, ha, ha, ha

Ki- wi und der Kuk- kuck sind schon da. Koo- ka- bur- ra, Pa- pa- gei und Cu- ca- ra- cha, al- le

Koo- ka- bur- ra ha, ha, ha, ha, ha, ha, ha, ha Koo- ka- bur- ra ha, ha, ha, ha, ha, ha, ha, ha

ma- chen mun- ter mit beim Cha Cha Cha! Cha Cha Cha, hu! Cha Cha Cha Cha Cha Cha Cha Cha Cha Cha

al- le ma- chen mit beim Cha Cha Cha! Cha Cha Cha, hu! Cha Cha Cha Cha Cha Cha Cha Cha Cha Cha

Cha Cha Cha Cha Cha Cha Cha Cha Cha Cha Cha Cha Cha

Cha Cha Cha Cha Cha Cha Cha Kro- ko- dil Kro- ko- dil Kro- ko- dil Kro- ko- Cha Cha Cha Cha Cha Cha

24
G Dm G F G C
Cha Cha Cha Cha la la la la la la la la la Cha Cha Cha Cha Cha Cha Cha Cha Cha Cha
Cha Cha Cha Cha la la la la la la la la la la la la la la Cha Cha Cha Cha Cha Cha Cha Cha Cha Cha
29
F G C F G
Cha Cha Cha Cha Cha Cha Cha Cha Cha Cha Cha Cha Cha
Cha Cha Cha Cha Cha Cha Cha Kro- ko- dil Kro- ko- dil Kro- ko- dil Kro- ko- Cha Cha Cha Cha Cha Cha
32
C G C C
1. 2.
Cha Cha Cha Cha la la la la la la la la la la Cha Cha Cha
Cha Cha Cha Cha la la la la la la la la la Al- le Vög- lein tan- zen la Cha Cha Cha

# Die Drei Akrobaten

FRIEDBALD RAUSCHER

♩ = ca. 132

Wir— sind voll Ta- ten, denn wir sind die drei A- kro- ba- ten. Wir drehn die ganze Welt he- rum!

Ja, wir bringen Froh- sinn und Glück, und die Mu- sik treibt um und macht krarum- di- bum!

Wir— sind voll Ta- ten, denn wir sind die drei A- kro- ba- ten. Wir drehn die gan- ze

Welt he- rum!

Seid be- reit, denn gleich kommt der Schwung! Be- gei- ste- rung er- greift das gan- ze

Pu- bli- kum.

Das ist ernst: Wir woll'n lu- stig sein. Pa- ra- dox ist schön, die Welt ist Schein. Wir

wei- nen heut' und ge- stern, da la- chen wir. So schaf- fen wir Zu- kunfts- e- le- xier! Ja- woll!

Da $\%$ al $\oplus$

greift das Pu- bli- kum.

Hei, wie ist das schön! Hier gibt es wirk- lich was zu sehn. Da staunt selbst der Mond, das ist er nicht ge- wohnt. Son- ne, Mond und Ster- ne, ja da feh- len bloß noch wir. Wir drei hier sa- gen dir: Halt dich fest, halt dich fest, halt dich fest, halt dich fest! Jetzt geht's los, ka- ra- cho di krach, ka- rum di bum.

Ri- ge- ros, ka- ra- cho di krach, ka- rum di- bum. Frisch und frei, ka- ra- cho di krach ka- rum- di- bum. Ei- ner und zwei, das sind drei, die drei A- kro- ba- ten sind wie- der da- bei. Jetzt geht's los, ka- ra- cho di krach, ka- rum di bum. Ri- ge- ros, ka- ra- cho di krach, ka- rum di- bum. Frisch und frei, ka- ra- cho di krach ka- rum- di- bum.

Ei- ner und zwei, das sind drei, die drei A- kro- ba- ten sind wie- der da- bei. Jetzt geht's los, ka- ra- cho di krach, ka- rum di bum. Ri- ge- ros, ka- ra- cho di krach, ka- rum di bum. Frisch und frei, ka- ra- cho di krach ka- rum- di- bum. Ei- ner und zwei, das sind drei, die drei A- kro- ba- ten sind wie- der da- bei, hei!

# Wir geh'n spazieren

FRIEDBALD RAUSCHER

♩ = ca. 108

Wir geh'n spazieren und freuen uns am Sonnenschein. Vögel trillieren, wir schwingen heut' ein leichtes Bein. Heit're Welt, helles Licht! Nein, nach Hause wollen wir nicht, nein!

Wir geh'n spazieren und freuen uns am Sonnenschein. Nichts zu verlieren, die Sonne läßt uns nicht allein.

Ich sing' froh: La, la, la. Wir machen heute Musik, O ja! (Klatscher) Na, na na na na na na

fine

na na na na! Na, na na na na na na na na na na! Na- na- na- na- na- na na na! Ha ha! Da 𝄋 al 𝄌

ja! Ja, da gak- kern gak- kern gak- kern vie- le Gok- kel! Ja da kläf- fen kläf- fen kläf- fen vie- le Hun- de! Und da

hu- pen, hu- pen, hu- pen, gleich die Au- tos. Und da la- chen, la- chen, la- chen, al- le Kin- der; ja spa-

zie- ren geh'n ist schön, ja spa- zie- ren geh'n ist nett, ja spa- zie- ren geh'n macht Spaß! Ha, ha! Was?

**Stimme des Griesgrams: (Nicht im Rhythmus)**

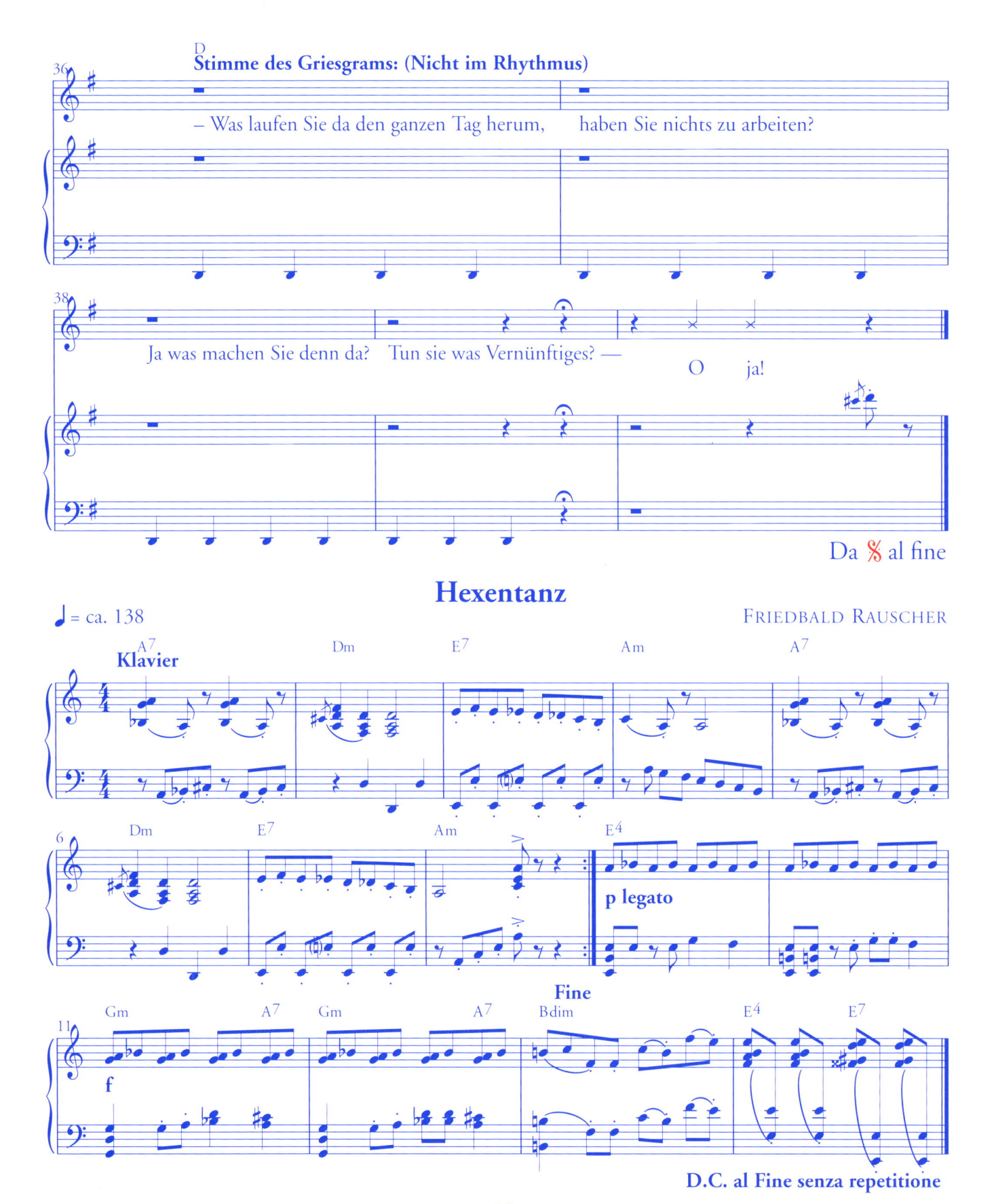

– Was laufen Sie da den ganzen Tag herum, haben Sie nichts zu arbeiten?

Ja was machen Sie denn da? Tun sie was Vernünftiges? — O ja!

Da 𝄋 al fine

# Hexentanz

FRIEDBALD RAUSCHER

♩ = ca. 138

**Klavier**

**p legato**

**Fine**

**f**

**D.C. al Fine senza repetitione**